젊음을 쭉정이로 만들지 말라!
문제는 정치야 바보들아!
박현태 지음

동서문화사

머리글

대한민국은, 참으로 '요지경' 속이다. 삐딱하면 대접받고, 성실하면 무시된다. 일을 제대로 해보지도 않은 사람이 대뜸 대통령 후보가 되고, 무능하고 놀기만 하는 사람은 잘 살고, 근면하고 성실한 사람은 욕먹고, 고생만 한다.

그래도 용하게도 나라는 성장하고, 평화는 유지된다. 이웃나라가 아무리 급성장을 하고 경제대국이 되어 있어도 놀라지도 않고, 무서워하지도, 부러워하지도 않는다.

북이 핵실험을 하고, 미사일로 우리를 노리며, 걸핏하면 불바다를 만들겠다, '최종적인 붕괴의 도래'를 갖다 주겠다, 위협을 해도 겁내는 사람이 없다.

제3자가 보기에 늘 위태위태하지만, 그래도 나라는 잘 되어가고 있다. 그럼에도 불구하고, 우리는 늘 우리가 잘 살고 있는 줄을 느끼지 못할 뿐 아니라, 가난한 나라라고 생각하고 있다. 우리가 큰 나라라는 것을 알아주는 나라는 외국뿐이다. 대한민국은, 참으로 '요지경' 속이다.

그렇다면, 우리의 평화와 번영은 그저 한낱 얻어진 행운일 뿐일까. 그렇게만 생각할 수는 없다. 욕을 얻어먹으면서도, 남들로부터 괄시를 당하면서도, 묵묵히 노력해온, 보다 많은 성실한 사람들이 있었기에 이루어진 성과인 것이다. 우리는 한시도 이를 망각해서는 안 된다.

우리는 우리가 그동안 믿어 왔던 많은 미신들을 타파하고, 새로운 가치관과 문제의식으로 재무장해서, 우리의 새로운 미래를 우리 스스로가 개척해야 한다. 그러기 위해서는 남들이 말하기를 주저하는 대목도 과감히 드러내 놓고 말하는 사람들이 있어야 한다. 이 책은 그러한 시도의 하나라 할 수 있다.

2013년 10월

박현태

문제는 정치야 바보들아!
차례

한국인들만 모르는 3가지

해가 바뀌고, 시대가 바뀌고 있다.

'국민후보'를 자칭하며, 이른바 '정권심판'을 주장하던, 종북 좌파는 패하고, 우리 헌정사상 초유의 여성 대통령이 탄생했다. 이번 선거는 단순한 대통령 선거가 아니라, 하나의 커다란 만족사적 변혁의 시작이다.

'국민후보'라는 말은 북에서 애용되고 있는 용어인 '인민대표' '인민배우' 등과 상통하는 어법의 소산이다. 타당 후보는 일개 소수 세력의 '당파 후보'에 불과하고, 자신은 처음부터 온 국민의 일치된 지지를 받는 '특수한 후보'라는 의미이다. 그러므로 '국민후보'인 문재인은 '당파후보'인 박근혜와 1대1로 맞붙기만 한다면 당선은 확정된다, '따놓은 당상'이다, 라는 것이 그들의 신념이었다. 그렇다면, 그들은 왜 선거에서 패하여야 했는가. 도무지 설명이 안 되는 이런 독단적, 자가당착적, 비논리적 발상이야말로 그동안 그들이 전매특허적으로 애용하던 선전기법이었다. 자기의 주장만이 옳고 상대의 존재는 아예 처음부터 인정하지 않는 독선적 비민주적 선전기법, 현실을 잘못 짚은, '겉똑똑이' 선거기법이었다.

선거가 끝나자 그들 일각에서는 '도저히 질 수 없는 싸움에서 졌다'고 한탄했다. 이런 철부지 언동을 주저 없이 쏟아내는 그들은, 스페인의 탁월한 철학자 오르테가(Ortega y Gasset, 1883~1955)가 일찍이 그의 저서 '대중의 반역(La Rebelion de las Masas)에서 논파했던, 이른바, 오냐 오냐 길러진, '응석받이 망나니들'의 개념을 그대로 빼닮은 부류들이 이 땅에서 활개치고 있었다는 사실을 증명한다.

'응석받이 망나니들'이 어떤 족속들이냐, 하는 것은, 앞으로 항목을 달리해서 상론하려 하거니와, 어찌 됐건, 종북 좌파들은 앞으로 그들의 종지를 전적으로 수정해야 할 막다른 골목에 도달했다. 아니, 그들이 그들의 종지를 스스로 수정하건 말건 간에, 결국, 이미 그들의 시대는 끝났다는 것을 인정해야 할 것이다. 내가, 감히, 천학비재를 무릅쓰고, 새 시대의 도래를 예언하는 것은 이런 상황인식을 바탕으로 한 것이다.

언젠가 이 시대를 대표하는, 저명 언론인인 김대중 씨는 '한국인들만 모르는 3가지'라는 제목의 칼럼을 썼다. 첫째, 한국 사람들은 자기들이 얼마나 잘 살고 있는지를 모르는 것 같다. 둘째, 한국이 얼마나 위험한 대치 상황에 놓여 있는지를 모르는 것 같다. 셋째, 이웃인 중국과 일본이 얼마나 대단하고 두려운 존재인지를 인식하지 못하는 것 같다. '개도국입장에서 보면 대단히 무서운 존재인 중국과 일본을 양쪽에 두고 있으면서, 그들을 우습게 보는 국민은 한국인밖에 없는 것 같다'라는 것이다.

나도 이런 취지의 얘기를 이미 여러 친구들로부터 들어왔다. 김대중 씨의 칼럼은 계속된다. '이제 우리는 우리만 모른다고 생각하는 문제에 우리 스스로 대답할 수 있어야 한다.' 이것이 이 분의 결론이었다.

이 분은 대 언론기관의 현역 '고문' 직에 있는 만큼, 그 직위에 걸맞게 매우 점잖은 표현을 쓰고 있지만, 이미, 모든 사회적 직위에서 물러난 나는, 구태여, 이런 완곡한 표현을 쓸 필요가 없다. 남들로부터, 설사, '망언'이라는 비판을 받는 한이 있더라도, 좀 더 직설적인 말을 할 필요가 있다고 생각한다.

우리가 놓여 있는 상황에 관한 잘못된 인식을 전혀 고치려 하지 않고, 우리 최대의 적인 북에 대한 무한정한 유화 정책만을 고수하려 하고, 이와 반대되는 국민들의 주장에는 일체 귀를 막고 있는, 이런 망국적 부류들은 앞으로 반드시 입을 다물게 해야 한다. 그들의 불학무식한 상황인식의 토대를 형성하고 있는, 일부 '응석받이 망나니들'은 우리 사회에서 일소돼야 한다, 이것이 우리의 살 길이다, 라고.

'가짜 김현희의 진실'

 김대중 정권 5년, 노무현 정권 5년, 이명박 정권 5년, 도합 15년, 내내, 종북 좌파적 악성 바이러스를 우리나라 온 사회에 흩뿌리던 좌파언론의 총본산격인 MBC는 지난 1월 15일 밤 '가짜 김현희의 진실'이라는 대형 프로그램을 방송했다. 이것을 본 시청자들은 아마도 크게 놀랐을 것이다.

 '김현희'가 누구인지 이미 까맣게 잊고 있는 사람도 많겠지만, 이 여성은 26년 전인 1987년 11월 28일, 중동에서 우리 근로자들을 태우고 돌아오던, 대한항공 858기를 공중 폭파시킨 북한의 공작원이었다. 그러나 북의 김정일이 이 사건의 관여를 부인하고 있었기 때문에, 종북 좌파이던 노무현 당시 대통령은 김정일의 주장을 합리화시켜주기 위해, 그의 임기 중 전 국내 언론기관을 총 동원하여 그의 가짜 설을 입증하려 했던 새로운 사건이었다.

 이것은 노무현이 종북 좌파의 두목이었다는 사실을 여실히 증명하는 참으로 놀라운 사건이었다. 따라서 김현희는 북의 공작원이 아니고, 남쪽이 만들어낸 가짜였으며, KAL기 폭파는 남쪽의 자작극이었다는 것이었다. 그러나 이런 엄청난 노무현의 종북 기도는 당사자인 김현희의 완강한 거부에 부딪혀 결국 실패로 돌아갔다.

생각건대, MBC가 지금 와서, 아무도 그렇게 해달라고 부탁하지 않았는데도, 김현희를 불러내어, '김현희 가짜 설의 진실'을 스스로 밝히고 나섰다는 것은, 심상치 않은, 커다란 변화이다. 김현희는 이 프로그램을 통해, 그동안 그에게 가해졌던 가혹한 가짜 설 시인 압박의 진상을, 관여자의 실명까지 거론하며, 남김없이 폭로했고, MBC는 이 폭로를, 자체 보관 중이던 영상자료까지 동원해 가며, 가감 없이, 이를 그대로 방송했다. 이것은 MBC의 프로그램 제작 송출 방침에 코페르니쿠스적 변화가 일어나고 있다는 사실을 대내 외적으로 선포했다는 것을 의미한다. 나는 이것 하나만 보더라도, 시대는 확실히 변하고 있다는 것을 실감한다.

사람들은, 흔히, 자기가 일정한 지견을 갖고, 사물에 대한 일정 한 판단을 한다고 생각하기 쉽다. 그러나, 실상은, 이러한 믿음과 는 거리가 멀다. 예외적인, 특수한 사람들을 제외한 보통사람들은, 대체로, 남들의 말을 듣고서야 자기의 견해를 밝히며, 신문이나 방 송이 문제라고 거론한 문제들을 보고서야 자기의 가치판단 기준을 형성한다. 사람들은 사회적인 문제 보다는, 우선, 자기 자신이 직 접 관여하고 있는 문제의 해결에 더 많은 시간과 노력을 경주해야 하기 때문에, 일반적인 시사문제에 관해서는, 신문 방송의 견해를 그대로 추종하거나, 친구들의 견해에 그대로 동조하는 경향이 있 다. 이것은 커뮤니케이션 학자들이 진작부터 발견했던 지견이다.

그러므로, 신문이나 방송의 영향력이 절대적이다. 더군다나, 지 금 같은, 정보의 홍수 시대, 탈 활자시대에는 방송매체의 영향력이 더 막강하다. 요즘 젊은이들은 앉으나 서나, 이른바 스마트 폰만을 들고 산다. 그 속에는 신문도 있고, 방송도 있다. 오늘 것만 있는 것이 아니라, 어제의 것도, 그제의 것도, 손가락으로 누르기만 하면 다 나온다. 사전도 따로 들고 다닐 필요가 없다. 시사용어 사전도 필요 없다. 그런 것은 그 속에 다 있기 때문이다. 만일 방송이 얼빠진 사람들 손에 장악되어 있다면, 우리나라의 장래는 참으로 암담해진다. 국민의 정신이 썩고 있는 것을 막을 방법이 없기 때문이다. 국민의 정신이 비뚤어져 있다면 아무리 경제적 풍요를 이룩했다한들 그것이 무슨 소용이 있겠는가. 국가가 예컨대 백만의 강군을 보유했다고 한들 그것이 나라를 지키는 수단이 되겠는가. 이명박 정권이 잘한 일도 적지 않다고 나는 본다. 그러나 이명박 정권의 최대의 실정은 방송과 일부 신문들의 잘못된 논조를 그대로 방치한 데 있다고 나는 생각한다.

정신이 맑지 않은 사람들을 상대로 선거운동을 하려면, 복지의 증진을 약속하는 것이 제일이다. '대학 등록금을 절반으로 줄여주겠다', '군대 복무기간을 대폭 줄여주겠다', '집집마다 육아수당을 지급해주겠다', 라고 해야지, 다른 말은 다 소용이 없다. 선거운동이 시작되자마자, 정당들은 상대 당에 뒤질세라, 앞 다투어 '내년부터 반값 등록금'이라는 현수막을 거리에 내걸었다. 그렇게 하려면 결국, 세금을 더 거두어야 할 것이지만, 세금을 더 거둔다는 공약은 득표에 도움이 되지 않기 때문에 그런 것은 내걸지 않았다. 그래, 새 대통령이 제일 먼저 해야 할 일이, 고작 대학 등록금의 국고부담 뿐이냐, 라고 나는 생각했지만, 우선 선거에서 이겨놓고 보아야 하기 때문에, 상대 당이 하나를 준다고 한다면, 이쪽에서는 열을 준다고 말해야 한다고 생각했다.

종북 좌파들의 최대의 실책은, 일단, 대통령이 되기만 하면 무엇이든지 제 마음대로 할 수 있다는 잘못된 믿음에서 출발하였다. 특히, 노무현은 그가 일단 대못을 박아놓기만 하면, 후임 대통령은 그대로 이를 인정하고 따라야 한다고 믿었었다. 대통령이 뭐길래 뭣이든지 다 할 수 있다는 것이냐. 대통령은 절대 권력자가 아니다. 헌법과 법에 의하여 그에게 부여된 권한만을 행사해야 한다는 제약을 잊어서는 안 되는 것인데도, 이를 망각하고 있었다는 사실은, 그가 전직으로 잠깐 종사했던, 법관으로서의 자격에도 큰 하자가 있었다는 사실을 입증하는 것이다.

다음으로 큰 잘못은 비뚤어진 국가관이다. 그래, 국가는, 이놈이 뜯어먹고, 저놈이 뜯어먹어도 되는 한낱 어수룩한 봉이냐. 정치를 하려면, 이 점에 대한 확고한 견해부터 먼저 밝히고 나서야 한다. 그 다음으로 중요한 것은, 국민들은 대통령이 속여먹기 좋은 우민들이냐, 하는 문제이다. 다음으로 강조해야 할 문제점은, 국가가 국민의 자유를 억누르기만 하는, 한낱, 억압 장치에 불과하냐, 라는 것이다.

우리 국민은 누구나 해외여행을 할 수 있다. 해외여행을 하려면, 여권을 가져야 한다. 몇 년 전까지만 해도 여권을 가진다는 것은 하늘의 별 따기처럼 어려운 일이었으나, 지금은 누구나 구청에 가서 신청만 하면 이것을 받을 수 있다. 참으로 편한 세상이다. 이 여권에는 외무부 장관 이름으로 다음과 같은 문구가 쓰여 있다. '한국 국민인 이 여권 소지자가 가는 곳마다 아무 지장 없이 통과하도록 하고, 이 사람이 필요로 하는 제반 보호조치를 취하여 주기를 관계 제관들에게 요청 한다'

아무리 잘 난 사람이라도, 여권이 없으면, 더 이상 외국여행을 할 수 없다. 그는 무국적자가 되고, 그 나라의 입국은 거절된다. 이토록 여권은 소중한 것이다. 따라서 국민의 자유를 최종적으로 보장하는 것은 국가이다. 그러므로, 설사, 그가 반국가적 사상의 보유자라 할지라도, 국가를 부인하면, 그는 그 순간부터 무국적자가 되고, 일체의 자유는 박탈된다. 따라서 국가는 국민에게 있어 다른 무엇보다도 소중한 것이다. 무엇을 믿고 반국가적인 언설을 함부로 농하는가.

그리고 국민은 결코 우매하지 않다. 한때 속는 것 같지만, 오래 속지는 않는다. 이것을 모르고, 일단, 대못부터 박아놓으면, 국민은 꼼짝없이 따라올 수밖에 없다고 믿는 것은 커다란 착각이다.

따라서 대통령은, 다른 모든 것은 못 한다 하더라도 나라는 지켜야 한다. 그럼에도 불구하고 노무현 등 종북 좌파들은 나라를 지키기보다는 북의 눈치를 보기에 더 급급했다. 그는 왜 그래야만 했는가. 그는 대통령 임기가 끝나자마자 자살로 인생을 마감했기 때문에 지금은 아무도 그 속내를 알 수 없다.

그를 신주처럼 모시던 문재인이 이번 대선에서 패배한 것은, 이러한 의문에 대한 국민의 대답이다.

승패 가른 '노무현—김정일 대화록'

보는 사람에 따라 견해가 다를 수 있겠지만, 내가 보기에 이번 대선 승패를 가른 최대의 분기점은 '노무현—김정일 대화록'이다. 노무현이 그의 임기 말에 갑자기 북의 김정일을 찾아가 극비리에 나누었다는 대화록의 내용이 터져 나오자 문재인은 크게 당황하며 국정원에서 보관 중이라는 대화록의 존재조차 이를 부인했으나, 그것은 이미 때늦은 뒷발질이었다.

대화록이란 2007년 10월 3일 오후 평양 백화원 초대소에서 오고 갔던 두 사람의 대화를 우리 측이 녹음한 것을 그대로 정리한 것이라 했다. 4시간 정도 이어진 노무현—김정일 회담의 주된 발언자는 노무현이었고, 회담록의 약 3분의 2는 노무현의 발언이었다. 국정원 밖에서 이를 읽은 최초의 사람은 이명박 대통령이었고, 이를 본 이 대통령은 경악했다고 한다.

왜 그랬을까. 노무현은 이 자리에서, 서해 북방한계선(NLL)을 놓고, 남쪽에서는 이를 영토선이라고 믿는 사람이 많으나, 이 선은 미군이 땅따먹기 식으로 그은 선이므로, 아무 근거 없는 주장이다. 이 문제를 가지고 남북이 서로 다투는 것은 아무 실익이 없는 일이므로, 이 선 주위에 새로 '남북 공동 어로선'을 그어, 앞으로 남북 간에 분쟁의 씨앗을 없애자, 라는 것이었다는 것이다. 그의 얘기를

다 듣고 난 김정일의 답변은 간단했다. '그렇다면, 돌아가서 (NLL) 관련법을 폐기하시오.'

이 밖에도 너절한 얘기들이 많지만, 나는 이 자리에서 이를 되풀이 할 가치가 없다고 생각한다. 이미 녹취록의 내용이 소상히 공개되어 있기 때문이다. 다만, 나는 이것만은 새삼 강조하고 싶다. 노무현이 한미 합동 군사훈련의 내용을 소상히 김정일에게 고해바친 사실은 그가 대한민국 대통령이라면 절대로 해서는 안 될 일을 한 것이 아닌가, 하는 것이다. 친구간이라도 할 말이 있고, 안 할 말이 있다. 그 작전의 핵심이 김정일에게 두어지고 있는 최고의 군사 기밀을, 김정일 앞에서 자백하고, 자기가 이것을 못하게 했다고 자랑한 것은 과연 그가 대한민국 대통령 자격이 있는 사람인가를 의심케 한다.

문재인은 자기가 당선되면 취임식에 북측 대표를 초청하겠다고 했고, 임진강 북쪽에 건설돼 있는 도라산 역 앞에서 남북이 다 같이 참가하는 축하행사를 거행하겠다고 했다. '정권심판'을 부르짖고, 노무현을 성군으로 치켜세우며, 박근혜를 독재자의 딸이라고 비하했다. 과연, 박정희와 노무현이 서로 견줄 수 있는 대등한 사람이냐.

녹취록 공개 뒤에 민심이 어떻게 돌아가고 있는가를 문재인도 모를 리가 없었을 것이다. 그는 그 뒤 북측 대표 초청설도, 도라산 축하행사 얘기도 싹 거두어들였다. 대신, 해병대 얼룩무늬 전투복을 빌려 입고, 얼굴에 검정 칠을 한 사진을 찍어 언론에 공개하며 대세 만회를 시도했으나 그런 그의 기도는 다 허사로 돌아갔다. 사실, 그에게는 노무현의 비서를 했다는 것 외에 따로 내세울만한 아무런 경력이 없었다.

　오로지, 노무현 정치를 계승하고, 대한민국의 모든 것을 뒤집어 엎겠다는 것이었다. 이것을 보고, 흥분하지 않을 국민이 누가 있겠는가. 젊은 세대가 따로 있고, 영호남이 따로 있겠는가. 우리의 역사를 보면, 어떤 사람이 느닷없이 나타나서 뒤집으려 한다고 해서 하루아침에 뒤집혀지는 것도 아니고, 누가 갑자기 나타나서 지상천국을 만들겠다고 외친다 해서 지상천국이 되는 것도 아니다. 더군다나 임기 5년의 단임 대통령이 할 수 있는 일에는 스스로의 한계가 있는 것이다.

　우리가 지금 이만큼이라도 성장하고, 잘 살고, 평화를 유지하는 것도 수많은 국민의 노력이 쌓인 결과이다. 함부로, 과거를 몽땅 부인하여서도 안 되고, 무엇이든지 해내겠다고 떠들 일도 아니다. 로마가 하루아침에 이루어졌는가. 정권심판만 하면 다 되는가. 반성해야 할 일이 있다면, 반성하고, 고칠 일이 있다면, 끊임없이 미조정해가며, 장래를 모색해야 할 것이다. 잘못된 것은 모두 네 탓이라고만 떠들 일도 아니다.

　선거가 끝나자, 어느 대표적 신문은 정계원로라는 사람 한분을 불러내어 대형 인터뷰 기사를 실었다. '이 보게 야권, 대선 비긴거야'라는 것이 큰 제목이었다. 소제목 가운데는 '민주당 멘붕 빠질 필요 없다'라는 것도 있었다. 얼핏 보아서는, 이 원로의 참 말뜻을 잘 알아들을 수 없기에, 신문을 들고 나와, 나의 독서실에서 정독을 해보았다. 그리고는 이분이 진심으로 문재인을 지지하고 격려하고 있다는 생각을 가지게 되었다.

나는 생각한다. 선거란 이기는 것 아니면 지는 것뿐인데, 어찌하여 비겼다는 판정이 가능하냐, 라는 것이다. 한 표를 더 얻었다고 하더라도 이기는 것이고, 한 표가 모자라도 지는 것이다. 선거에 '무승부'가 있느냐. 무승부라면 재선거를 해야 한다는 얘기냐. 승자와 패자가 공동정부를 구성해야 된다는 말이냐. 일개 상식론자에 불과한 나로서는 도무지 판단이 안 서는 낯선 개념이었다.

그리고 또 '멘붕'이라는 것은 또 무슨 말이냐. 나는 영어에 약한 사람이다. 안다는 사람에게 물어보니, '멘'이란 mental 이라는 뜻이고, '붕'이란 우리말의 '붕괴'라는 뜻이라 했다. '멘붕'은 한영 합작의 신조어라 했다. 따라서 '멘붕 빠질 필요 없다'고 했다면, 쉽게 말해, '기 꺾이지 말라'는 뜻이라는 것이었다.

그는 이런 말도 했다. '한국정치는 지리학이야'라고. 첫째, 박근혜는 엄청난 경상도 배경을 갖고 있다. 둘째는 월남민과 그 후손들의 영향력이 강하다. 이들이 진짜 보수의 원류야, 셋째, 한국 프로테스탄트들은 보수야. 이 세 가지 섹터만 보아도 우파인 박근혜가 되는 거다.

민주당은 뭘 했나. 죽을 쒔다. 이해찬은 안철수에 한방 맞고 나가떨어져 그 지모를 발휘할 수 없었고, 박지원은 검찰이 발목을 잡고 있으니 뭘 할래야 할 수 없었다. 당이 이명박 정부에 대한 민란이라도 일어날듯 한 공분을 만들어 줬어야 하는데 그걸 못한 거다, 했다.

그렇다면, 문재인이 경상도와 월남민과 프로테스탄트들의 지지를 받지 못한 진짜 이유는 무엇이냐. 이에 대한 분석은 없었다. 그렇다면, 앞으로, 경상도도, 월남민도, 프로테스탄트도 아닌 사람은 영원히 대통령이 될 수 없다는 얘기냐. 그런데도 불구하고 문재인더러 기죽지 말고 내일을 기약하라고 격려하는 근거는 무엇이냐, 이에 대한 설명도 없었다. 특히, 현 정부에 대하여 민란이라도 일어날 듯한 공분을 주지 못한 것이 패인이라는 분석에도 얼핏 납득이 안 되는 점이 많았다. 그렇다면, 앞으로 한국의 대선은 언제나 내란 직전의 혼란상황이 전제되어야 한다는 것이냐.

나아가서, 그렇게 말하는 이 원로 자신은 일개 관전자나 방관자에 불과하냐. 나는 그것이 알고 싶다. 한국의 정치가 어떤 세력에 의하여 주도 되더라도 그는 아무 이해상관이 없는 '무국적자'냐. '민란'이라니, 한때, 많이 듣던 말이다. 이것을 선동하며 정권을 잡으려는 정치세력은 과연 '민주화 세력'이냐.

이런 생각, 이런 말을 하면서도 원로로 대접받을 수 있는 대한민국은 지상천국이냐. 현직 대통령이라는 사람이 적의 수괴를 찾아가 이적행위를 서슴치 않으며 아양을 떠는 나라, 대한민국은 과연 나라냐. 이런 대통령의 정치를 계승하겠다는 사람이 버젓이 대선후보가 되어 설쳐댄 대한민국. 아연실색할 일이다. 이런 사태를 놓고, 나는 더 이상 모른 체 할 수는 없다고 생각한다.

'원로'가 너무 많다

우리 사회에는 이른바 '원로'들이 너무 많다. 누가 봐도 원로라고 할 수 없는 사람들은, 스스로 남들과 다르다는 것을 나타내기 위해, 외관을 보통사람과는 다르게 치장한다. 남들이 잘 안 입는 이른바 '개량 한복'을 입는다든지, 수염을 기른다든지, 남성이면서도, 이발을 하지 않고, 머리를 길게 길러, 고무줄로 묶는다든지, 하고, 다닌다.

내가 대학총장을 하고 있을 무렵, 어떤 교수 한 사람은, 면도도 잘 안 하고 개량 한복을 입고 다니는 것을 보았다. 그 분의 논문을 하나 얻어 오라 해서 읽어 보았더니 별로 공부가 있는 사람도 아닌 것 같았다. 그래서 하루는 그분을 총장실로 불렀다. 왜 교수님께서는 차림을 그렇게 하고 다니십니까, 하고 물었다. 그랬더니, 그분은 이렇게 대답했다. 특별히 이유가 있어서가 아니라, 지금 가족과 떨어져 살고 있는데, 의복에까지 신경을 쓸 수 없어서 그저 편하게 이렇게 하고 다닌다고 했다.

그것은 교수님 개인 사정에 불과합니다. 학생들을 바르게 지도하려면 우선 복장부터 단정히 해야 할 것 아닙니까. 사철 똑같은 양복을 입고 다닌다 해도 아무도 나무랄 사람은 없을 것입니다. 이점 유의해 주십시오, 하고는 내보냈다. 아마도 이 교수님은 내 말에 상당히 분개했을 것이다. 자기가 총장이면 총장이지, 교수 옷차림까지 간섭할 권리가 어디 있나, 했을지도 모른다. 그러나 내 생각은 다르다. 교수가 학생을 대한다든지 강의에 나갈 때는 긴장을 해야지, 자기 집 침실에서처럼 편한 것만 추구해서는 안 된다고. 그리고 교수는 학교의 분위기를 깨도 안 된다고. 이분은 그 뒤에도 한동안 여전히 꼭 같은 차림을 하고 다녔으나, 나는 애써 이를 못 본체 했다. 그랬더니 어느새 그런 차림을 하지 않게 되었었다.

남들에게 자기를 돋보이게 하려면 옷차림뿐 아니라 말도 튀게 해야 한다. 상식적인 말을 해서는 상식적인 사람밖에 못 된다. 따라서 남들이 안 하는 말을 해야 한다. 6.25는 북침으로 일어났다고 한다든지, 우리나라는 상하가 모두 부패했다고 한다든지, 양극화가 극심해서 곧 민란이 일어나고 말 것이라고 한다든지. 대선 개표에 부정이 있으니 재검표를 해야 한다고 한다든지…… '망언'이 따로 있는 것이 아니라 이런 것이 다 망언이다. 하다못해, 술 실력이 대단하다는 것이라도 내보여야 한다.

그 무렵 내가 몸담았던 그 대학에는 건축학부라는 것도 있었다. 학부장이라는 분은 아무리 봐도 좀 문제가 있는 분이었다. 한번은 자기가 쓴 책이라면서 책 한 권을 들고 나를 찾아왔다. 금방 나가려는 사람을 붙들어 앉히고는, 차를 한잔 같이 하자면서 그 책을 훑어보았다. 그리고는 내가 말했다. 이것은 수필집 아닙니까. 교수님은 전공에 관한 논문을 주로 써야 할 입장인데, 지금 쓰기 편하다고 해서, 수필이나 써서야 되겠습니까. 더군다나 여기 보면 탈장르를 많이 주장하셨는데, 아직 학부생밖에 없는 우리 대학 교수님이 학생들에게 건축학의 기초부터 확실히 알도록 가르쳐야 기초도 모르는 학생들에게 탈 장르부터 강조하면 어떻게 합니까. 그 것은 석사 박사 과정에 가서 가르쳐도 되는 것이 아니겠습니까, 라 고 말했다. 그랬더니, 얼마 뒤 그는 다른 대학으로 일자리를 찾아 나갔다. 보통 말을 해서는 안 되고, 탈 장르 같은 큰 얘기를 해야 돋보이는 모양이었다.

이번 선거에서 이른바 '경제민주화'라는 말이 마치 큰 이슈이기나 한 것처럼 논의되었다. 그러나 그런 것들은 옛날부터 다 있던 얘기 들이다. 나는 전두환 정권 당시 거의 4년 동안 여당의 정책조정 책 임을 맡고 있었다. 지금 마치 새 이슈처럼 거론된 많은 문제들은 그때 거의 다 검토되었었다.

'금융실명제'도 그때 진지하게 검토되었다. 그러나, 결국, '시기 상조'라 해서 그 시행이 보류되었다. 그 무렵 당의 대표위원은 이재 형 선생이었고 사무총장은 권익현 씨였다. 그러다가 그 다음 정권 때 갑자기 시행되었다. 그 결과, 이것 때문에 맨 먼저 잡혀간 사람 은 대통령 아들이었다. 만일, 금융실명제가 철저히 시행되었더라면 지금 새삼스럽게 박근혜 당선인이 대통령직 인수위원회에서 거론하 고 있는, '지하경제'가 발붙일 여지가 없었을 것이다. 실명제가 있 는데도 불구하고, 금융기관이 이를 철저히 지키지 않고, 국세청이 이것을 밝히지 않고 넘어간다면, 실명제는 있으나마나다. '정부에 정책이 있으면 국민에게는 대책이 있다'는 말이 있다. 국민이나 기 업을 그렇게 만만하게 보아서는 안 된다. 돈이라는 것은 부부간에 도 비밀로 하고 싶은 것인데, 이를 남김없이 까발리라 하는 것은 대충대충 해서 될 일이 아니다.

인천 국제공항도 그때 당이 검토해서 실현된 것이다. 나의 대학 동기 가운데 당시 야당 의원인 사람도 몇 사람 있었다. 그중 한 사람의 이름은 이원배 의원이다. 이 사람은 학교를 졸업하고도 여러 해 동안 고등고시 준비를 계속하다가 사회진출이 늦었었다. 그래서 생업으로 복덕방을 운영하다가 야당 의원으로 당선되었다. 그러니, 건축법 관계에 식견이 높았다. 내가 여당의 정책조정실장이라는 것을 알고는, 여러 번, 이 방면의 적절한 개선안을 제안해 왔으며 나는 이를 여당의 정책으로 채택했다.

그중 하나가 인천공항건설이었다. 그의 선거구는 김포공항 주변이었다. 자연히, 이—착륙하는 항공기의 소음이 선거민의 주된 민원이었다. 이의 해결책으로, 그는 나에게 영종도에 국제공항을 신설하는 문제를 제기했다. 이리하여, 여당이 먼저 검토하기 시작, 오늘의 인천 국제공항이 건설된 것이다. 건설책임자는 결국 이를 검토하기 시작했던 강동석 씨가 맡았다. 강동석 씨는 교통부에서 국장으로 있다가 내가 발탁해서 당의 전문위원으로 차출한 사람이었다. 강 사장은 이 일은 성공적으로 마치고, 한전 사장을 하다가, 여수 엑스포 추진위원장이 된 사람이며, 일에는 그 이상 열심히 하는 사람을 찾아볼 수 없을 만큼 우수한 사람이었다.

옛날 애기가 나온 김에 한마디 더 한다면 지금 삼성자동차 공장이 있는 낙동강 하구의 공업단지 매립은 나의 결심의 소산이었다. 당시의 부산 상공회의소 회장은 자유건설의 정주영 씨였다. 현대건설의 정주영 회장과는 '주'자가 두루 '주'가 아닌 구슬 '주'자라 글자 한 자만 다른 정주영 씨다. 이분이 하루는 나를 찾아와 부산 상공회의소가 공업단지 조성을 위해 백방으로 바다의 매립을 위해 노력하고 있으나, 난관이 너무 많아, 진척이 안 되니 좀 협조를 해달라는 부탁을 해왔다. 나는 우선 똑똑한 실무자 한 사람을 보내 달라고 했다. 이리하여 상근부회장이 나에게 오게 되었다.

날짜가 되자, 나는 아무 사전 설명 없이, 당시 건설부에서 차출돼 와 있던 김한종 전문위원을 불렀다. 부산 상의 측의 설명이 시작되기 전에, 나는 김한종 전문위원에게, 우선, 잠자코 들어보기나 하자고 말했다.

설명이 끝나자, 나는 부산사람을 돌려보내고, 김 위원에게 소감을 물었다. 김 위원은, 일언지하에, 이것은 안 된다고 말했다. 내가 물었다. 그 이유는 무엇입니까. 우선, 이것은 국토개발 종합계획에 저촉되는 내용입니다, 했다. 나는 그 국토개발종합계획의 내용은 무엇입니까, 하고 물었다. 간단히 말해, 서울과 부산은 더 이상 인구가 증가하지 않도록 하자는 것입니다, 라고 말했다.

내가 말했다. 그것은 잘못 된 정책입니다. 지금 서울에는 아파트 단지 조성이 중지되어 있습니까. 결국 인구 증가요인이 철저히 억제되고 있는 것은 부산뿐입니다. 우리가 수출을 해서 먹고사는 나라인데, 우리에게 자원이 있습니까, 특별한 기술이 있습니까. 원료를 부산항을 통해 수입해서, 경인지방으로 육송한 다음 제품을 만들고, 이를 다시 부산으로 운송해서 수출한다면, 그런 수출품에 가격 경쟁력이 있겠습니까. 그러므로, 부산에서 원료를 받아들여 그 자리에서 제품을 만들고, 그 자리에서 바로 수출을 해야 하지 않겠습니까, 했다.

내가 이렇게 나오자, 김 위원은 내 얼굴을 찬찬히 들여다 본 다음, 결론을 내렸다. 그렇다면, 지금 우리가 편성 중인 신년도 예산안에 타당성 조사비를 계상하도록 하겠습니다, 했다. 이리하여 낙동강 하구의 공업단지 매립계획은 발동이 걸리기 시작했다. 바다를 매립한다는 것은 간단한 일이 아니다. 허가를 받아야 할 부처도 너무나 많다. 집권당이 아니고는 도저히 꿈도 꿀 수 없는 일이었다.

내가 문공부 차관 때는 이런 일도 있었다. 당시 문공부는 천안에 독립기념관이라는 것을 지으려 하고 있었다. 기획관리실장이 나를 찾아왔다. 계획안을 한번 보아달라는 것이었다. 장관님한테 이미 보고를 했을 텐데 아무 결정권이 없는 내가 봐서 무슨 도움이 되겠습니까, 했다. 그래도, 기어이, 한번 봐 달라고 했다.

대충 계획안을 살펴보고 나서 내가 말했다. 여기 보면, 건물 외벽을 본 타일로 마감한다고 되어 있는데, 본 타일이라는 것은 무엇입니까, 하고 물었다. 그는 서독에서 개발된 신식 마감 재료라고 말했다. 내가 말했다. 내가 집을 하나 지어봐서 아는데, 이것은 새로울 것이 하나도 없는 페인트에 불과합니다. 만약 이것으로 마감을 한다면 곧 문제가 생길 것입니다. 얼마 안가, 건물외벽에 크랙이 생길 것이고, 그렇지 않다 하더라도, 정기적으로 도장을 다시 해야 할 것입니다. 건물외벽에 크랙이 생긴다면, 부실시공이라는 비난을 감수해야 할 것인데 그 책임을 누가 집니까. 또 도장을 다시 한다는 것도 보통 일이 아닙니다. 창문을 모두 테이프로 봉하고, 도료를 분무기로 뿌려야 하는데, 이것도 보통 일이 아닙니다. 그러므로 본 타일은 그만두고, 흔한 재료인 화강석으로 마감해야 합니다. 이리하여, 결국, 그렇게 되었다.

이 밖에도, 나는 우리나라 발전에 초석이 되는 일을 여러 개 해 냈다. 그러나 나는 이런 것들이 내 공로라고 떠벌린 일이 없다. 그래서, 결국, 나는 그 흔한 훈장 하나도 받지 못하고, 지금 한사람의 평범한 범부로 남아 있다. 독서나 하고, 외손자들 자라는 것이 나 보면서 즐거워하고 있다. 나도 나이로는, 이미, 원로의 나이가 되었지만, 원로라고 나서기도 싫다.

그리고, 세상 돌아가는 것을 보면서 한 가지 모를 일이 있다. 엇 나가는 사람은 대접받고, 정직한 사람은 무시되는 이유는 무엇이 냐. 거의 평생 동안 공무원생활만 한 사람도 그 재산이, 예사로, 40억~50억 원이 되고, 야에서 소리치면서 취업이라고는 거의 한 일이 없는 사람도 모두 나보다는 재산이 많다. 노력하는 사람은 고 생하고, 건달들은 잘 사는 이유는 무엇이냐. 나는 은퇴할 때까지 한 번도 실직한 일이 없고, 명목상 월급도 결코 적다고는 할 수 없 는 고액월급을 받았던 사람이다.

몇 년전 미국의 한 FBI국장이 그 자리에서 물러나면서, 자녀교육 비 등 생활비가 모자라 그 직장을 그만 둔다고 말했다 해서 화제가 된 일이 있다. FBI 국장이 어떤 자리인가. 이 기사를 보고 나는 크 게 놀랐다. 미국이 세계의 강국으로 유지되는 비밀의 일단을 알 것 같았다. 반면, 나는 우리나라 공무원 가운데서, 생활고로 인해 공 직에서 물러났다는 말을 한 번도 들어보지 못했다. 세상은 참으로 요지경 속이다.

박정희와 김일성

우리의 북쪽에는 북한이 있고, 이 북한에 가려져 지금 우리 눈에 '만주'가 거의 안 보이게 되어 있지만, '만주'는 그냥 모르고 지나쳐도 될 지역이 아니다. 이것을 모르고는 동북아 정세의 근원을 알 수가 없다. 이것을 모르고는, '오늘의 한국', '오늘의 북한'을 이해할 수 없다는 것이 나의 확신이다.

지금 '만주'는 '만주'라는 그 이름조차도 없어지고, 중국은 이를 '동북 3성'으로 지칭하고 있지만, 중국과는 별개의, 엄연한 나라이름이었다. 지금 중국의 수도인 북경(베이징)에 가보면 '만리장성'이 바로 그 북쪽에 있다. 만리장성은 한반도의 바로 건너편에 있는 '산해관'에서 시작되어, 서쪽으로 서쪽으로 뻗어 장장 5천 킬로에 이른다는데, 이것이 중국의 국경이 아니고 무엇이겠는가. 어떤 나라가 자기나라 안에 이런 장대한 방벽을 쌓아놓고 있는가. 그것은 중국이 인접국인 만주와 몽골의 침입에 대비하여 건설한 국경이 아니고는 설명이 안 되는 것이다.

그러나, 만주는 본디 지역이나 국가의 명칭은 아니었다. 연혁을 따지자면, 그곳에 사는 민족의 이름이었다. '문수사리보살'을 믿는 족속의 거주지라는 뜻이었다, '문수사리'는 산스크리트어로는 '만주 슈리'(Manjushuri)가 된다. 그곳에 사는 사람들은 '부여'와 '말갈'

'거란' '발해'와 '금' '여진' '후금' 등의 이름으로 나라를 세웠고, 특히, '발해'는 우리 고구려 유민들이 주축이 된 나라였다. 그러므로 만리장성은, 결국, 조선과 중국의 국경선이었다. 이것은 여담이지만, 청나라의 마지막 황제이자, 한때 만주국의 황제였던 '부의'는 자기의 성을 '김'씨라고 했다. 중국 사람에게 '김'씨는 흔한 성이 아니다.

어찌됐건, 17세기 초에 이르러 '명' 나라가 쇠약해지자, 만주족은 일거에 만리장성을 넘어 북경으로 쳐들어가 중국 전체를 다스리는 대 제국의 주인이 되었다. 이것이 청나라이다. 본디 청나라의 수도는 지금의 심양(봉천, 성경)이었다. 이때를 전후하여 만주족은 대거 중국으로 이주하였고, 정작 만주는 사람이 거의 살지 않는 허허벌판, 빈 땅이 되고 만다. 그러나 청나라는 그곳이 그들의 선조들이 살던 '신성한 땅'이라 하여 한족의 이주를 금지하였으며, 마지못해 입주를 허가해주더라도 거주기간은 1년을 넘지 못하게 제한하였다. 지금도 북경의 왕궁인 '자금성'에 가보면, 내전의 누각 편액에는 한자 옆에 꼬부랑한 글씨가 함께 새겨져 있는 것을 볼 수 있다. 이것은 만주어이다. 내전에서는 만주어가 일상의 언어로 쓰여 지고 있었다는 증거이다.

그러다가, 18세기말, 제정 러시아가 거의 무주공산이던 만주로 밀고 들어왔다. 그들은 처음에는 모피 사냥을 하러 동쪽으로 동쪽으로 시베리아 벌판을 가로질러 내려왔으나, 만주가 쓸 만한 땅이라는 것을 알게 되자, 허약해진 청나라 조정을 어르고 달래어, 만주에 철도를 건설하는 이권을 획득하고, 나아가서는 이곳을 그들의 영토로 만드는 계획을 노골적으로 추진한다. 철도 뿐 아니라, 요동반도 끝자락 '여순'에는 난공불락의 요새까지 건설한다. 겉으로 막 강하게 보이던 청나라가, 실은, 매우 허약하다는 것을 만방에 노출시킨 사건은 이른바 '아편전쟁'(1840~42)이었다. 대국을 자처하던 청나라는 속절없이 영국의 무력 앞에 유린되고, 영국은 지금의 상해 등지에 그들의 '조차지'를 만들고, 아시아로 진출하는 거점을 확립한다.

잠시 얘기가 옆길로 접어들겠지만, 그러면, 아편전쟁은 왜 일어났던가. 당시 음식에 첨가하는 향신료는 유럽 여러 나라의 주요 무역상품이었다. 인도에는 후춧가루, 카레 등 향신료가 무궁무진 했다. 이 향신료 무역의 이익을 독차지하기 위하여, 영국은 먼저 인도를 식민지로 만들었다. 그러면, 그들에게 향신료는 왜 그렇게도 중요했던가. 그들은 육식을 주로 하는 사람들이었다. 가을이 되면 종자로 쓸 가축 몇 마리만을 남겨 둔 채, 대부분의 가축들을 도살하여 염장을 했다. 우리 식으로 말하면, 고기로 김장을 하는 격이었다. 그래놓고 보니, 고기의 부패는 좀 막을 수 있었으나, 아무래도 악취가 나는 것까지는 막을 수가 없었다. 이런 냄새를 없애기 위해서는 향신료가 꼭 필요했다. 인도에서는 각종 향신료가 무진장으로 생산됐다.

인도를 손아귀에 넣고 나니, 그 다음에는, 중국에서 차가 많이 생산된다는 것을 알게 됐다. 커피에 입맛을 들여가던 서양인들에게 차는 새로운 기호품이 되어 갔다. 그러나 당시 청나라에서는 주 통화가 은화였다. 그러나 영국에는 은화가 없었다. 은화를 확보하기 위해서는 비상한 대책을 강구해야 했다. 그래서 영국은 인도에서 아편을 대량으로 재배하여, 이를 청나라에 수출하고, 그 대금으로 받은 은화로, 차 값을 결제하는 방법을 취할 수밖에 없었다. 그러나 청나라가 아편수입을 금지하게 되자, 영국은 전쟁을 일으켰다. 무력으로 나오니, 사서삼경만 읽던 '문인의 나라' 청나라는 결국 손을 들 수밖에 없었다. 이것이 아편전쟁의 진상이었다.

얘기를 만주로 되돌려 보자. 만주에 파죽지세로 러시아가 밀려내려 오자, 일본이 위협을 느끼게 된다. 이러다가는 모처럼 청나라와 전쟁까지 해가며 확보했던 조선반도도 러시아에 빼앗기고, 드디어는 현해탄을 건너 일본 본토까지 러시아에 유린되는 것이 아닌가, 심각하게 우려하게 된다. 이렇게 하여 일본은 러일전쟁(1904~1905)을 일으킨다. 당시 백인에게 황인종이 전쟁을 걸어 승리한다는 것은 누구도 상상할 수 없는 일이었다. 그러나 결국 일본은 러시아에 승리한다. 그러면 왜 러시아는 일본에 패하였는가. 이것을 말하자면, 따로 장편의 논설을 펴야 하나, 이 자리에서는 논외로 하자.

러일전쟁을 통해 제정 러시아를 만주에서 몰아낸 일본은, 이곳에 주둔한 당시 일본 육군의 최정예부대였던 '관동군'이 철도 양측 10킬로 지역에 군대를 주둔시킬 수 있는 권리를 획득하였고, 이곳에 특허 식민회사인 '남만주철도주식회사'(속칭 '만철')를 설립하여 철도 부속지의 행정과 산업개발을 맡게 하였다. 그러므로 만주의 주인은 사실상 관동군과 만철이었다. 이리하여 만주는 완전히 일본의 손아귀로 들어갔으며, 러시아와 조선 사이의 튼튼한 방벽역할을 맡게 하였다.

제정 러시아가 무너지자, 이번에는 세계의 '적화'를 기도하는 '소런'이 등장하였으므로 공산세력의 남하를 막기 위해서는 만주의 역할이 더욱 중요하게 된다. 그러므로 일본은 만주에서의 지배권 획득 정도로는 만족하지 않았다. 만철에 당시 일본 각계의 최 정예 엘리트 인재들을 파견, 총력을 기울여 만주국 독립의 준비를 시작했다.

만주국 독립은 1932년에 강행되었다. 신해혁명으로 자금성에서 쫓겨나, 천진에서 망명생활을 하고 있던, 청나라 마지막 황제 '부의'(푸이)를 극비리에 '신경'(장춘)으로 데려와, 만주국 황제의 자리에 앉혔다. 만주제국에는 헌법은 없었고, 정부조직법이 이를 대신했다. 입법, 행정, 사법, 감찰의 4권 분립제였으며, 행정의 수반은 국무총리, 국무총리 밑에는 국무총리의 참모적 기능을 수행하는 '총무청'을 두고, 총무청 장관이 국무총리가 직접 관장하게 되어 있는 인사, 회계, 조달 등 사무를 관장하게 하였다. 그리고 총무장관과 총무청 내의 각 처장 및 행정 각 부의 차장은 반드시 일본인이 임명되도록 규정하였다. 그러므로 총무청 장관이 사실상 만주국 정치의 주역이었다.

그러나 그 직위가 무엇이었건 간에 사실상의 만주국 정부의 행정 주역은 당시 40이 채 안 된 '키시 노부스케'라는 사람이었다. '키시'는 전후에 일본의 국무총리가 되었으며, 지금, 일본 총리가 되어 있는 '자민당' 총재 '아베 신조'의 할아버지이다. '키시'의 친 동생인 '사토 에이사쿠'도 일본 총리가 되었었다. 제2차 세계대전 중 일본국 국무총리였다가 패전 뒤 '전범재판'에서 사형이 선고된 '도조 히데키'는 관동군 헌병사령관이었다. 이밖에도 나중에 일본을 좌지우지한 정계와 재계, 관계와 문화계 여러 거물들은 모두 만주국 건국에 동원됐던 사람들이었다.

이런 사람들이 열정을 기울여 개발했던 정책과 기술과 경험은 패전 뒤 일본의 비약적인 재건을 이룩하는 토대가 되었다. 일본이 자랑하는 고속철도인 '신칸센' 기술도 만주에서 개발했던 당시의 고속철도 '아시아 호'의 기술을 발전시킨 것이다.

그러나, 이렇게 공들여 세웠던 만주국은 불과 14년밖에 유지하지 못하였다. 8.15를 불과 1주일 남짓 앞두고, 소련군이 갑자기 물밀듯 쳐내려오자, 만주국은 일시에 흔적도 없이 와해되었다. 이때 관동군의 주력은 태평양 연안의 전선으로 파견되고 없었으므로 일본군은 제대로 한번 응전해 보지도 못한 채 소련군에 항복했다. 소련은 러일전쟁의 앙갚음이나 하듯이 수만의 관동군 장병들을 사로잡아, 시베리아 벌판의 노역장에서 혹사하다가, 10여년 뒤에야, 살아남은 사람들만 일본으로 되돌려 보냈다.

나중에, 소련이 철군하자, 만주는 '모택동' 군에게 넘겨졌다. 중국 전역에서 위세를 떨쳤던 '장개석'의 이른바 '국민당' 군대는, 모택동 군대에 패하여, 대만으로 피신했다. 이상이, 중국과 만주의 간추려진 역사이다.

그러나, 정작, 내가 강조하고 싶은 것은 만주국 그 자체가 아니다. 이 기간, 만주에는 두 사람의 조선 사람이 있었다는 사실에 주목하고자 한다. 그중 한 사람은 '박정희'이고, 다른 한 사람은 '김일성'이다. 이 두 사람은 해방 뒤 남한과 북한의 오늘을 있게 한 가장 중요한 인물들이다. 이 두 사람은 거의 같은 시기에 만주에서 청년기를 보낸 동 세대의 사람이지만, 두 사람의 출생과 경력과 자질과 성격이 다르듯이, 남과 북의 오늘을, 전혀 다른 세상으로 만들었다.

김일성은 만주에서 게릴라 활동을 하다가 일본군에게 쫓겨, 시베리아로 도주하여 소련군의 보호를 받다가, 한반도 북반부에 주둔하게 된 소련군에 이끌리어 평양으로 들어간 사람이고, 박정희는 만주군관학교를 졸업하고 만주군 장교로 근무하고 고향으로 돌아와 있다가 국군의 장교가 된 사람이다. 한 사람은 게릴라 부대의 일원이었던 사람이고, 또 한 사람은 정규군의 장교였던 사람이다. 따라서, 처음부터 두 사람은 세상을 보는 안목이 달랐다. 두 사람은 다 만주국에서 많은 것을 배웠으나, 김일성은 이를 바깥에서 바라본 사람이었고, 박정희는 만주국 안쪽을 진지하게 연구한 사람이었다.

김일성은 이리저리 떠돌다가 마을과 도시를 점령하고 그곳의 재물을 노획하는데 주된 관심이 있는 게릴라 부대의 우두머리였고, 박정희는 도시와 국가의 건설에 주된 관심이 있는 건설자였다. 파괴와 약탈은 일회적인 일이고, 건설과 유지는 긴 안목의 설계와 지속적인 노력을 필요로 한다. 두 사람의 취향은 전혀 달랐던 것이다.

김일성은 북한에 독재국가를 세우고, 그의 아들에게 권력을 세습시킨 것으로 만족하며, 세상을 하직하였을지 모르지만, 그 대신, 백성은 헐벗고 굶주리고 있다. 또 그의 아들 김정일은 죽으면서, 다시, 그 아들 김정은에게 권력을 넘겨, 3대째의 세습을 이루었다. 대단히 만족스러운 사태일지 모른다. 그러나 아무리 호의적으로 보려 해도 김일성의 업적은 긍정적이 아니다.

한편, 박정희의 업적은 너무나 뚜렷하다. 박정희는 대한민국의 근대화와 산업화를 이루는 이른바 '한강의 기적'을 실현했다. 그가 떠난 지 수 십년의 세월이 흘렀지만, 그 뒤의 여러 대통령들은 박정희의 업적을 뛰어넘지 못해 안달을 하며 그의 격하운동에 운명을 걸고 있으나 그들의 기도는 성공할 것 같지 않다. 누가 뭐라고 하더라도, 오늘 우리가 이만큼 잘 살고 평화롭고 자유로운 세상을 누리게 된 것은 모두 박정희 덕택이다. 박정희의 혜택은 혜택대로 누리면서 혜택의 원천인 그를 비판하자니 자연히 논리의 모순을 드러내고 만다.

지금 우리 정치인들은 주로 박정희 정권 당시 과거사의 진상을 밝혀야 한다고 떠들어댄다. 그러나 그것을 밝혀내기만 하면 우리는 자동적으로 행복해지는가. 내가 보기에, 이 문제에 대해 분명한 해답을 해줄 수 있는 사람은 아무도 없다. 공연히 헛수고만 하고 있다. 우리가 보다 잘 살기 위해서는 과거는 그대로 둔 채 앞을 내다봐야 한다.

나는 날마다 높은 광역 버스 좌석에 등을 기대고 앉아 서울시내의 내 독서실로 나온다. 이 때 바라보는 경부 고속도로 양쪽의 울창한 숲은 모두 박정희가 민둥산에 나무를 심어 이루어 낸 작품이다. 그러나 내가 가본 북한의 산에는 나무가 없었다. 김일성은 그들의 민둥산에 계단식으로 밭을 만들어 옥수수를 심으라고 지시했으나, 한반도에는 장마철에만 집중적으로 비가 내리기 때문에, 그의 이 위대한 지시는 성과를 얻어내지 못했다. 오히려, 산의 흙이

들판으로 흘러내려 그나마 쓸 만 하던 농토마저 버려놓았다.

모든 과거사를 따져야 한다면, 나는 오래된 박정희시대의 일들을 따지기 전에, 노무현 정권시대의 대통령 탄핵 사건이 왜 일어났고, 헌법재판소는 무슨 이유로 국회의 탄핵결의를 위헌으로 판결했는지를 꼭 밝혀야 한다고 생각한다. 그리고, 노무현 대통령은 임기를 마치고 얼마 되지 않은 시점에, 왜 자기 집 뒷산 바위에서 투신자살을 감행했는지도 밝혀야 한다. 몇 년 안 된 사건이라 모든 당사자가 다 살아있기 때문에 밝히기도 쉽다. 우리 헌정사상 최대의 '춘사(椿事)'였던 이 두 사건을, 유야무야, 없던 일로 넘기고 간다면, 결국, 우리의 정치발전은 그림의 떡이 되고 만다고 나는 생각한다.

우리 헌정사는 단절의 역사였다

박정희는, 그 누구도 흉내 낼 수 없는 탁월한 업적에도 불구하고, 김재규의 흉탄에 의하여 갑자기 세상을 떠났다. 만약, 박정희가 생전에 헌법을 개정하여 '의원내각제'로 이행했더라면, 결코 그런 불행한 일은 없지 않았을까, 하는 것이 나의 솔직한 소감이다. '대통령중심제'는 1인의 장기집권이라는 문제점을 남길 수 있지만, 의원내각제라면 그런 비난을 받을 소지를 만들지 않는다.

원래, 우리 헌법은 의원내각제로 기초되었으나, 초대 대통령으로 예정됐던 이승만이 이를 강력히 반대했기 때문에 급거 대통령중심제로 변경되었었다. 대통령이 이끄는 정당이 국회의 과반수 의석을 확보하고 있다면 그는 언제까지라도 대통령으로서 정치를 할 수 있다. 그런데도 불구하고, 어찌 된 일인지 역대의 우리 대통령들과 그 후보들은 대통령제를 바꾸려는 생각을 하지 않는 것 같다. 이것이 문제이다.

아무리 병에 잘 듣는 영약이라도 약에는 반드시 유효기간이 있다. 아무리 좋은 물건이라도 내구연한이 있다. 심지어, 사상이나 인물도 세상 따라 나오는 법이다. 그러므로 정치제도도 일정한 연한이 지나면, 언제까지나 이에 집착할 것이 아니라, 그 시대에 맞게 개정되어야 한다.

대통령은 지금은 '대 통령'이라고 해서 무언가 큰 자리인 것처럼 인식되고 있지만, 원래는 '회의 사회를 보는 사람', 'preside하는 사람' 정도의 뜻이 담긴 말이었다. 친목단체의 장도 president이고, 구멍가게 주인도 president이다. 미국은 연방정부보다 주(state)가 먼저 생겼으며 연방정부는 처음에는 별로 역할이 크지 않았다. 그렇기 때문에 연방정부 대통령은 주 정부 수장들의 회의에서 사회나 보는 것쯤으로 역할이 한정됐었다. 그러나 연방정부 대통령을 친목단체장처럼 그저 'president'라 부를 수 없다 하여, 첫머리 글자를 대문자로 바꾸어 'President'라고 한 것뿐이다. 국회의장을 'Speaker'라 부르지만, 이것도, 보통의 '말하는 사람', '사회 보는 사람'과는 다르다 해서, 첫머리 글자를 대문자로 바꾸었다. 그런데도 이 'President'를 한자로 번역하다 보니, '대 통령'이 되었다. 그러므로 우리 정치인들이 대통령제에 대하여 특별한 애착을 가질 필요는 없는 것이다.

더군다나, 우리처럼 대통령 5년 단임, 직선제는 너무나 문제가 많다. 어떤 이는 국회의원의 질이 낮기 때문에 의원내각제는 아직 시기상조라고 말하기도 한다. 나도 잠시 국회의원 자리에 있어 보았으나, 일반인들이 생각하고 있는 것처럼, 국회의원들의 질이 그렇게 낮은 것은 아니다. 다 무언가 한가락씩 하는 사람들이다. 오히려, 평소에는 정치에 대하여 별로 관심이 없던 일반 국민이, 인기투표하듯, 5년마다 직선제로 대통령을 뽑는다는 것이야 말로 정치의 방향을 그르칠 수 있는 위험천만한 일이라고 생각한다. 그래, 박정희, 전두환 이후의 대통령들은, 과연, 질 높은 사람들이었는가. 유감스럽게도, 내가 보기에 오히려 날이 갈수록 그전보다는 그 질이 떨어져 가고 있다고 생각한다. 일반국민들은 후보자의 언설에 속기 쉽다. 그러나 정치의 프로들인 국회의원들은 그렇게 쉽게 속지 않는다.

국회의원들의 질이 그 실체보다는 훨씬 낮아 보이는 것은, 사실, 대통령중심제 때문이다. 의원내각제라면 각료나 장관은 원칙적으로 국회의원 중에서 임명해야 한다. 예외적으로 국회의원 아닌 사람 중에서 임명할 수도 있다. 그러나 대통령중심제에서는 이것이 역전된다. 원칙적으로 국회의원 아닌 사람이 임명되고, 예외적으로 국회의원이 임명된다. 왜 그럴까. 대통령들은 국회의원들을 그리 좋아하지 않는 경향이 있다. 만만치 않기 때문이다. 그래서 되도록이면 국회의원 아닌 사람의 등용을 선호한다. 그러므로 국회의원들은 찬밥 신세다. 국회의원 치고 장관 한번 하기 싫은 사람은 한 사람도 없다. 그럼에도 불구하고 찬밥 신세라면 일부러라도 저질 행세를 해야 언론의 주목을 받게 된다. 이것이 국회의원 저질성의 진상이다.

요새, 어떤 후보는, 자기가 집권하면, 우리나라의 국회의원을 백 명쯤 대폭 줄이겠다고 말하였다 한다. 만약 이것이 사실이라면, 이 것이야말로, 정치적 무지의 극치라 할 것이다. 우리나라처럼 정치 지망생이 많은 나라에서, 그들의 국회진출까지를 극도로 제한한다면, 이것이 정치적 불안요인으로 작용할 가능성은 없는가, 묻고자 한다. 대통령 후보라는 사람들은, 아무 준비 없이, 단기간에, 대선 입후보를 결심하고, 정당명까지 미리 바꾸고, 어떤 사람은 정당마저도 안 가지고, 지키지도 못할 급조 공약을 남발할 것이 아니라, 아무쪼록 좀 더 진중한 자세를 취하기 바란다.

대통령이라는 명칭을 그렇게도 좋아한다면, 그것은 그대로 두어
도 좋다. 그러나 그렇다고 하더라도, 대통령을 직선으로 해야 한다
는 정당한 이유는 없다. 대통령은 국회에서 뽑아도 아무 불편이 없
는 것이다. 우리나라의 직선제는, 이승만 초대 대통령이, 국회의
구속을 받기 싫다 하여 정부가 부산에 피란하고 있던 6.25 전쟁시
절, 개헌을 강행, 마련한 제도이다. 4년마다 국회의원 선거를 하는
것은 어쩔 수 없는 일이지만, 5년마다 대통령을 전 국민이 참여하
는 직선제로 뽑아야 하는 현행제도를 고수할 이유는 없다. 무엇 때
문에 막심한 혼란을 무릅쓰고, 국력을 낭비해 가며, 직선을 해야
하는지 알 수가 없다.

　지금 우리 한국정치 최대의 문제점은 대통령을 5년 단임, 직선제
로 뽑는데 있다. 이 제도를 그대로 유지한다면 설사 직선제로 뽑힌
대통령이 그 소임을 수행하는데 부적합하다는 것이 명백히 드러났
다 하더라도, 그를 그만두게 할 방도도 없다. 이미, 우리가 다 보
았듯이, 설사, 국회에서 탄핵결의가 있었다 하더라도, 헌법재판소
는, 전례에 따라, 이에 대해 반드시 위헌판결을 할 것이므로, 도중
에 그 사람을 사임시킬 방법도 없다. 어찌 하자는 것이냐. 나라가
망하는 것을 그냥 두고 보자는 것이냐.

　만약, 의원내각제로 바뀐다면, 임기도중에라도 국회가 불신임 결
의를 하면, 그 즉시 대통령은 자리에서 물러나야 하고, 이 불신임
결의가 부당하다고 판단되면, 대통령은 국회를 해산시키면 될 일이
다. 국회의원들은 무엇보다도 선거를 범처럼 무서워한다. 다시 선
거를 해서 자신이 국회의원으로 재선될지 여부가 불투명하기 때문
이다. 그러므로 불신임결의가 남발될 가능성도 없다. 후임 대통령

은 다시 국회에서 선출하면 된다. 헌정중단도 일어나지 않고, 정국의 혼란도 없다. 헌법재판소에 물어볼 필요도 없다. 법에 정해진 절차대로, 일은 조용히 수습된다. 우리는 길을 두고 뫼로 가서는 안 된다. 길은 의원내각제에 있다.

아무리 유능한 대통령이라 하더라도 5년 단임으로는 제대로 된 정치를 할 수 없다. 대통령은 일단 당선되었다고 해서 바로 자기 정책을 수행할 수는 없다. 임기 첫해는 전임자가 만들어놓은 예산으로 정치를 해야 한다. 자기 손으로 예산을 짜는 것은 2년째부터이다. 그로부터 2년 정도가 그 사람이 실제로 일할 수 있는 기간이다. 임기 2년 정도를 남겨 놓은 시점이 되면, 벌써, '레임 덕'(lame duck) 현상이 나타나기 시작한다. 측근의 비리가 터져 나오고, 대통령이 직접 사과할 일들이 쏟아진다.

그러나 그것보다 더 큰 문제는 5년 단임제로는 쓸 만한 유능한 인재들을 끌어모을 수 없다는 점이다. 장관의 수명이 기껏 1년 정도일 터인데 누가 이런 자리에 매력을 느낄 것인가. 대단히 역설적인 말이 될지 모르지만, 솔직히 말해 보겠다. 사람들은 겉으로는 민주주의를 말하지만, 속으로는, 독재를 선호하고, 장기집권을 좋아한다. 그것을 한다 해야 쓸 만한 인재들이 모이는 법이다.

그러므로 5년 단임으로는 훌륭한 인재를 모을 수 없다. 입으로 무슨 말을 할지 모르지만 속으로는 다른 꿍꿍이속이 있는 사람들만 모여든다. 이런 사람들을 데리고 대통령이 제대로 된 정치를 할 수 있겠는가. 결국, 아무 것도 할 수 없다. 나는 이런 사람이, 과연, 그 소임을 감당할 수 있을까 우려되는 사람들이 요직에 임명되는 것을 더러 보아 왔다. 그러고는 결국 그들이 형무소로 가는 것을 많이 보아왔다. 그 사람은 그런 감투만 쓰지 않았더라면 무난한 인생을 살 수 있었을 것인데도 감투 한번 잘못 썼다가 그 자신의 신세까지 망치고, 그를 임용한 대통령에도 큰 상처를 안긴 것이다.

중국은 믿을 만한 나라인가

　노무현 대통령이라는 사람이, 그의 임기 말에, 별 특별한 이유도 없이, 북한의 김정일을 찾아가기에, 의아해 했었는데, 이제 와서 드러난 사실은, 우리의 서해 북방 한계선인 NLL을 그들에게 넘겨주고, 미군을 남쪽에서 몰아내겠다는 얘기를 해주고 싶어서 그랬다는 것이 밝혀졌다. 이런 사람이 한때나마 우리의 대통령이었다니, 벌어진 입이 다물어지지 않는다. 그것보다 더 심각한 일은 그의 비서실장이던 사람이 버젓이 지금 차기 대통령 후보로 나와 그의 업적을 계승하겠다고 말하고 있다는 사실이다. 이런 사람들이 차례로 대통령이 된다면 우리의 운명은 앞으로 어떻게 될 것인가.

　북한이 시대를 역행, 엇걸음을 걷고 있다는 것은 이제 온 세계가 다 알고 있는 일이므로, 구태여 거론할 필요도 없는 일이거니와, 이런 대통령 후보 외에도 우리의 정치판에는 아직도 북한에 노골적으로 동조하는 괴상한 언동을 서슴없이 해대는 부류가 있다는 사실을 언제까지 그냥 보고 있어야만 하는가가 문제이다. 이것은 단순한 선거의 문제가 아니다. 만약, 그 옆에 온당한 대한민국 국민이 있다면, 눈에서 별이 번쩍 나도록, 따귀를 쳐서라도 이런 사람을 정신 차리게 해야 할 것이다.

　잠시, 북한 그 자체는 논외로 치자. 북한의 등 뒤에 있는 나라들은 북한을 어떻게 보고 있는가를 살펴보자.

근착 외신은 러시아가 북한을 어떻게 보고 있는가를 여실히 보여주고 있다. 러시아의 정치인과 저명 학자들은 최근 유력 싱크탱크 주최의 세미나에서 '한국이 주도하는 한반도 통일이 러시아의 국익에 부합하다'고 주장했다는 것이다. 이것을 러시아 언론들이 비중 있게 보도하였다. 러시아가 어떤 나라인가. 김일성을 데리고 평양으로 들어가 북한이라는 나라를 세우도록 한 나라가 아니던가. 국내의 종북세력들은 이런 보도도 보지 못했는가. 보았다 하더라도, '종북병'이 골수에 사무쳐서, 보아도 안 보였다는 얘기냐.

중국도 북한 때문에 골치를 앓고 있다. 그저 고개라도 끄덕거려주자니, 그들의 대외 이미지에 손상이 가고, 도와주자니, 한도 끝도 없다. 겉으로는 세계 제2의 경제대국이다, 어쩐다 하고 있지만, 중국 내부에는, 지금, 심각한 문제들이 너무나 많다. 참으로 진퇴양난이다.

그렇다면, 북한은 무얼 믿고 저 따위 짓을 계속하고 있는가. 외신들에 의하면, 최근, 북한은 김정일의 비자금을 조성하고 관리하던, 노동당 '38호실'과 '39호실'을 폐쇄하였다고 한다. 그리고 함경 북도 끝자락에 새로 경제특구를 조성하였다고 한다. 사진을 보니, 이것도 참으로 한심한 수준이다. 이것을 만들었다고 해서, 러시아와 중국이 투자를 하고 물건을 사주러 갈 것 같지도 않다. 핵을 포기하고, 한국에 고개를 숙이면, 일거에 해결될 일인데도, 왜 그토록 그들은 세상물정을 모르는가. 남과 북은, 같은 우리말을 쓰고 있지만, 전혀 의사소통이 안 되고 있다.

노동당 38호실과 39호실만 하더라도, 참으로 어처구니없는 기관이다. 이곳은 마약과 외국 화폐의 위조 등 온갖 불법을 자행한 기관이었다. 북한에는 나라가 없고, 당 밖에 없다는 증거가 되는 기관이었다. 정부에 예산이라는 제도는 없고, 김정일 일가의 주머니밖에 없다는 것을 증명하는 기관이었다. 이런 것을 여태까지 가지고 있었다는 사실이야말로 그 집단의 원형이 만주벌판을 떠돌아다니던 게릴라였다는 것을 증명하는 잔재였다. 수장의 비자금 주머니가 따로 있고, 군대의 자금을 조달하는 부서가 따로 있고, 정부예산이 따로 있는 나라가 세상천지에 또 있는가.

어쨌든, 러시아가 이 이상 더 북한을 우방으로 생각하지 않게 된이유는 무엇인가. 러시아는, 한때는, 온 세계를 위협하던 공산주의의 종주국이었으나, 이제는 하나의 개도국에 불과하다. 그들은 그들의 땅, 시베리아에서 많이 나는, 석유와 가스를 아시아에서도 팔기를 원하고 있다. 그러나 북한이 장애가 되고 있다. 시베리아에서내려와 한반도에 송유관과 가스관을 부설하고 싶지만, 매사가 미덥지 않은, 북한이 이대로 있어가지고는 아무 것도 안 된다. 그러므로 북의 존재 자체가 그들의 발전에 장애가 되고 있다. 따라서 한반도가 하루빨리 한국주도로 통일되기를 바라게 되었다. 어제의 동지가 오늘의 적이 되어 있는 것이다.

중국은 어떤 나라인가. 6. 25 전쟁 때, 북한이 연합군에 밀려 압록강 강변으로 쫓겨 가자 인민군을 파병, 인해전술로 북한을 보호해준 나라이다. 모택동은 이 전쟁에 자기의 아들을 내보냈다가, 전사하는 화를 당하기도 했다. 그래서 중공과 북한은 혈맹의 나라라고 했다. 그러나 지금은 다르다. 다 같은 공산당 1당독재의 나라이지만, 중공은 자본주의 시장경제를 도입하여 세계 제2의 경제대국이 되었고, 북한은 여전히, 그전 체제를 고수하다가, 가장 낙후된 빈곤국가가 되어 있다. 이해관계가 같을 수가 없다.

이것을 만회하기 위해, 북한은 핵폭탄 한 발에 운명을 걸고 있다. 그러나, 구소련이 원자탄이 없어서 지금의 러시아가 되었던가. 사실, 지금은 원자탄 보유자체가 타국에 아무 위협이 안 되는 시대가 되어 있다. 따지고 보면, 지금, 원자탄을 안 가진 나라가 없다. 또 만들기를 결심하기만 하면, 못 만들 나라도 없다. 그런데도 불구하고, 원자탄 보유에 집착하는 북한은 우물 안 개구리다. 북의 핵보유에 가장 피해를 입을 가능성이 있는 나라는 우리보다 중국이다. 언제 이것을 들고 중국에 원조를 요청하며, 너 죽고 나 죽자고 안 나온다는 보장이 없기 때문이다.

중국은 지금 세계 제2의 경제대국이라고 우쭐대고 있지만 그 실상을 따져 본다면 허술한 점이 너무나 많다. 러시아에서 고철이 된 항공모함을 사다가 대대적인 수리를 하여 군사대국이 된 양 의기양양해 하며, 인접 국가들과 영토분쟁을 일으키고 있지만, 이로 인해, 경제적 손실을 가장 크게 입고 있는 것은, 다름 아닌, 중국 그 자신이다. 많은 외국 기업들이 중국으로부터 다른 나라로 떠날 준비를 하고 있다.

원자바오 총리가 정치개혁을 해야 한다고 떠들어대더니, 보시라이 사건이 터져 나왔다. 보시라이 사건의 진상이 무엇인지 오리무중 상태가 계속되더니, 이번에는, 원자바오가 재직 중에 27억 달러를 부정축재했다는 뉴욕 타임스 기사가 터져 나왔다. 후진타오 국가주석의 재직 중 중국으로부터 외국으로 빠져나간 고급관료, 당료의 부정축재 자금이 3조 8천억 달러에 이른다는 분석 기사도 쏟아져 나오고 있다. 중국 전문가들은, 새로 중국 국가주석이 된 시진핑이 앞으로 임기 내내 이런 문제 해명에 골몰할 수밖에 없을 것이라는 전망을 하고 있다. 그러므로, 중국은 중대한 시련기를 맞고 있다.

　이런 사정을 호도하기 위하여, 중국 지도부는 국내에서 대대적인 애국 시위운동을 전개하는 한편으로 대외적으로는 정도에 넘치는 무력시위를 벌이고 있다. 이것이, 일시적으로, 그들의 독재체제 유지에 도움이 될지는 알 수 없다. 그러나, 장기적으로 본다면, 오히려, 대내적으로나, 대외적으로, 국가의 위신을 크게 손상시키는 결과를 초래한 가능성이 크다 할 것이다.

　중국은 언제까지 지금 같은 밀실정치를 계속할 것인가. 걸핏하면, 인터넷 접속을 차단하면서도 자본주의 시장경제체제가 유지될 수 있을 것인가. 궁극적으로, 공산주의 표방이 그들의 체제에 부합된다고 생각하고 있는가. 그들의 상층부는, 진실로, 현 체제가 언제까지 유지될 수 있다고 믿고 있는가. 과연, 부패방지와 빈곤격차 해소가 현 체제 아래서 가능하다고 믿고 있는가. 사실, 아무도 이것들을 믿지 않고 있다.

　따라서, 우리에게 있어, 중국은 전혀 이해할 수 없는 나라가 되어 있다. 역사적으로도 그랬고, 지금도 여전히 그렇다. 앞으로 중국과는 '맞돈 거래'(cash on delivery)라면 몰라도, 그 이상의 깊은 관계는 고려하지 않는 것이 현명하다. 이것이 우리가 지금 맞닥뜨리고 있는 국내외 정세의 실상이다. 그러므로 지금 우리는 그 어느 때보다도 현명해져야 한다.

그럼에도 불구하고, 우리 국내에는, 고착화된, 기존의 환상에 젖어, 여전히 꿈속을 헤매고 있는 얼빠진 족속들이 너무나 많다. 우선, 대권 후보라는 사람들이 그렇고, 이에 빌붙어 엽관운동을 벌이고 있는 많은 무리들이 그렇다. 빨가벗고 돈 한 푼 차듯이, 권력만 잡으면 만사형통이냐. NLL 파동을 희석시키기 위해서 그러는지는 몰라도, 걸핏하면, 얼룩무늬 군복을 입고 군부대 방문을 거듭하고 있는 것을 보면서 나는 실소를 금치 못하고 있다. 설사, 그런 사람들의 기도가 성공한다 하더라도, 그 다음에는, 반드시, 국민의 철퇴가 기다리고 있다는 사실을 간과해서는 안 될 것이다.

우리에게 나라를 지키겠다는 확고한 의지가 있고, 지킬 만한 힘이 있다면 지켜질 것이고, 만약 그렇지 않다면 우리는 결국 소멸되고 말 것이다. 어느 쪽을 택할 것이냐. 이것이 우리의 당면 과제이다.

유대인을 연구하자

얼마 전 저녁 무렵, 절친한 한 후배가 우리 집으로 찾아오겠다 하여, 30~40분간 길가에 나가 기다린 적이 있었다. 그리고 한 가지를 크게 깨달았다. 멈추었다 떠나가는, 크고 작은 버스는 모두 영어 학원 표시를 하고 있었다. 하, '영어 장사'가 이렇게도 번창하고 있구나, 하는 느낌을 받은 것이다.

영어는, 물론, 영국과 미국의 언어이다. 그러나 이제는 단순히 영국과 미국의 언어라는 단계를 넘어서서, 세계의 언어가 되어 있다. 왜 그렇게 되었는가를 따지는 것은 무의미하다. 어쨌든 그것은 세계의 공용어가 되어 있다는 것을 부인할 수 없게 되어 있다. 영어를 잘 한다는 것이 유식하다는 증명이 되는 것은 아니지만, 이것을 모르고는 국제무대에 진출할 수 없다는 것을 아무도 부인하지 못 하게 되어 있다. 이러한 사태 앞에서 전 세계 어떤 부모보다도 자녀교육에 열성적인 한국의 어머니들이 가만히 있을 리 만무하다.

우리는 국토도 좁고, 별다른 자원도 없는 나라이다. 있는 것은 사람뿐이다. 그러므로 우리의 부모들은 자신들 삶의 질을 희생하고서라도 자녀교육에 온 힘을 다 쏟았다. 소가 있으면 소를 팔고, 밭이 있으면 밭을 팔고, 그도 저도 없으면 어머니들은 바느질품을 팔았다. 훌륭한 자녀가 태어난다면 그 집안은 융성하고, 아무리 작은 회사라도, 그 회사에 인재들이 모인다면 그 회사는 큰 회사가 될 수 있다. 나라도 마찬가지이다. 한 사람의 우뚝한 지도자가 있으면 그 나라는 큰 나라가 되고, 아무리 부강했던 나라라도 더 이상 인물이 안 나오면 약소국이 되고 만다. 이러한 믿음의 덕택으로 오늘날 우리는 이만큼 선진국 대열에 뛰어들게 되었다.

우리말은 뜯어보면 뜯어볼수록 과학적인 말이다. 한글, 또한, 가장 합리적인 글자이다. 무심코 컴퓨터를 두들기다가도, 이따금, 그 자판을 들여다보면, 참으로 이것이 잘 되어 있다는 것을 실감할 수 있다. 왼손은 주로 자음을, 오른손은 모음을 치게 되어 있다. 오른손, 왼손을 교대로 쓰면, 저절로, 문장이 된다. 이에 비해 영어자판은 우리 것보다는 훨씬 뒤떨어져 있다. 원칙적으로, 왼손가락은 'A S D F', 오른손은 'L K J' 자 위에 올려놓고, 시작하게 되어 있지만, 우리 것처럼 모음과 자음이 구별되게 배열되지는 않았다. 어느 나라에, 우리의 세종대왕 같은 성군이 있어, 왕이, 직접, 나라의 글자를 창제한 나라도 없거니와, 나중에, 컴퓨터 자판을 만든 우리의 선배들도, 세종대왕 못지않게 현명했다는 것을 깨닫지 않을 수가 없다.

그러므로, 우리는, 우리말을 굳게 지키면서도, 영어는 영어대로 열심히 익혀서, 영국사람, 미국사람보다도 영어를 더 잘 하게 되어야 할 것이다. 영어는 이 국제화, 세계화 시대에, 세계를 여는 열쇠이다.

서설이 좀 길어졌지만, 이글의 소제목으로 내걸었던 대로, '유대인'으로 되돌아가보자. 유대인은 구약성서에 나오는 '야곱'의 아들인 '유다'의 자손이라는 뜻이다. 전 세계에 대충 천 2~3백만 명이 살고 있다 하나, 그 절반은 이스라엘(State of Israel, Medinat Yisra'el)에, 나머지 절반은 미국에 살고 있다. 이스라엘의 공용어는 헤브라이어와 아랍어이다. 그러나 그들은 2차 대전 이전까지는, 각처에서 나라 없는 뜨내기 생활을 한 사람들이기 때문에 자신들의 언어보다는 현지의 언어에 더 정통할 필요가 있었다. 그러므로 영어가 세계 공통어가 되어 있는 지금이라면 다른 어떤 언어보다는 영어에 더 정통해야 했다.

자녀들에게 외국어를 능란하게 쓸 수 있도록 교육시키는 역할은 유대인 어머니들의 몫이다. 자녀교육에 열성적이라는 측면에서, 이른바 'Jewish Mother'는 정평이 나 있다. 유대인 어머니들은 자녀에게 한 가지 이상의 외국어를 공부시키는 역할 외에 아버지를 존경하도록 유도하는 역할을 함께 맡는다. 유대인 아버지들이라고 해서 다 자녀들의 존경을 받을만한 사람은 아닐 것이다. 그러나 유대인 어머니들은 자녀들이 아버지를 존경하도록 교육시킨다. 가정의 거실에는 반드시 아버지 전용의 의자를 만들어놓고, 아버지가 집에 없는 시간이라도 함부로 그 자리에 자녀들이 앉을 수 없도록 규제한다. 설령, 아버지가 별 볼일 없는 사람일지라도 아버지를 존경해야 아들이 긍정적으로 자랄 수 있다고 믿고 있기 때문이다. 그리고 안식일에는 반드시 아버지와 자녀가 개별적으로 면담할 수 있는 시간을 만들어준다. 개별면담이라야 자녀들이 자신들의 당면한 문제나 고충을 안심하고 털어놓을 수가 있다. 이리하여 유대인들은 자녀가 엇나가는 것을 미리 예방한다.

이렇게 하여 조성된 선민의식을 토대로 하여, 유대인들은 2천년에 걸친 유랑생활을 마감하고, 오늘날, 이스라엘이라는 나라를 갖게 되었으며, 특히 유대인 인구의 나머지 절반이 미국에 정착, 세계에서 가장 영향력 있는 민족이 되어 있다.

'선민의식'은 유대인만이 가지고 있는 의식은 아니다. 역사적으로 독일에도 그런 사상이 있었고, 중국에도 이른바 '중화사상'이 있었다. 대항해시대 이후로는 그리스도 교도들이 '미개하고 야만적인 식민지인들을 문명화시킬 의무가 있다'는 선민사상에 사로잡혀 제국주의시대를 주도하기도 했다. 일본에서도 그들이 '천손민족'이며, 자기나라는 '신국'이라 하여 제국주의 시대에 동참하기도 했다. 그러므로 선민의식에는 과오도 많다. 그러나 민족적 긍지 없이 어떤 나라나 민족이 영향력 있는 존재가 될 수는 없는 일이다.

나는 때로, 우리나라가 어찌하다가 이토록 짧은 기간 내에 이토록 번영하고 평화로운 나라를 갖게 되었는가를 자문할 때가 많다. 박정희가 아무리 탁월한 지도자였다고 해도, 그가 서 있는 바탕이 빈약했다면 이렇게 단시일 내에 큰 성과를 거둘 수는 없었을 것이 아닌가. 그렇다면 그 토대는 무엇이었던가. 대륙과 일본열도에 둘러싸여 우물 안 개구리 행세를 하던 한국이 어찌된 연고로 이렇게 급속히 발전하였는가를 생각하면 할수록 의문이라 아니 할 수가 없다.

결국, 도달한 결론은, 본디 우리 민족의 우수성이 타 민족에 비해 두드러졌고, 우리 민족의 교육열이 타 민족을 훨씬 능가했던데 원인이 있었다고 할 수밖에 없다. 우리 어머니들의 교육열은 남달랐다. 이것이 우리민족 성장의 토대가 되었다. 나는 5만 원짜리 지폐에 사임당 신씨(1504~1551)의 초상화가 채택된 이유를 알 수 없었던 사람이다. 그러나 어머니의 교육열이라는 문제에 다다라보니, 이제는 약간 이해가 안 되는 것도 아니라는 생각이 든다. 사임당은 퇴계 이황과 더불어 조선시대의 2대 천재 학자였던 율곡 이이(1536~1584)의 어머니이다. 율곡은 노장철학과 양명학에 조예가 깊었을 뿐 아니라, 현실정치에도 높은 식견을 보여, 시의에 적절한 여러 개혁안을 내놓았고, 특히, '십만 양병론'으로 유명하다. 이런 훌륭한 학자, 정치인을 길러내는 데 사임당의 역할이 컸다는 것을 고려할 때 사임당은 고액지폐의 초상으로 인쇄되기에 적합하다 할 것이다.

결국, 우리가 이토록 빠른 기간 내에 세계무대에서 우뚝 서게 된 원동력은, 박정희의 시대를 앞서가는 탁월한 지도력이 기폭제가 되고, 그전부터 존재하던 우리 부모들의 높은 자녀 교육열이 상승작용을 일으킨 결과가가 아닌가 생각하게 된다.

유대인은, 그들이 머물었던 나라들에서, 오래 동안, 토지의 소유가 금지되었기 때문에, 당시로는, 일종의 천업이던 금융업과 고리대금업에 주로 종사해왔다. 그러나, 자본주의가 고도로 발달함에 따라, 제조업보다는 금융업이 산업의 주종으로 변화하여 감에 따라, 그들이 이 분야에서의 오래 동안 쌓아온 노하우가 큰 힘을 발휘하게 되었다. 그러나 이제는 그들의 주업이 이 분야에 국한되는 것은 아니다. 특히, 미국에서는 그들의 활동무대가 무한대로 확장되었다. 유대인이라고 해서 모두가 장사에 능한 것은 아니기 때문에, 일부는 각종 학문분야에서 두각을 나타내게 되었고, 언론과 예술분야에서도 두각을 나타내게 되었다.

최근, 미국에서는 특히 정계에서의 활동에 치중하는 경향이 있다. 유대인 청소년들은 고등학생 쯤 되면 자원봉사대로, 주 지사나 상,하 양원의원 선거사무소에서 일하기를 좋아한다. 정치일선에서의 선거경험을 토대로 그들은 후보들이 어떤 노력을 하고 있으며 어떤 방법으로 당선되는가를 상세히 체험한다.

어른들은, 평상시에도, 각종 유대인단체들의 활동을 통하여, 정치에 대한 발언을 계속하며, 특히 이들 단체의 정치자금 모금활동을 통해 미국정치에 실질적인 영향력을 행사한다. '나는 기부하기 때문에 내가 존재한다.' 이것이 미국에 있는 유대인단체들의 모토이다. '미국 유대인 연감'에는 약 2백개의 전국적인 유대인 단체와 약 2백개의 유대교 자선단체 지방조직이 기록되어 있다. 이중 정치적인 활동을 하고 있는 것은 여남은 개다. 그중 대표적인 단체는 '유대 통일 어필'이다.

미국 주요도시에 있는 이 단체의 지부는 매년 모금 만찬회가 개최하며, 이 자리에서 참석자와 헌금자의 이름, 그리고 그 액수가 큰 목소리로 고지된다. 고액 헌금자는 칭송되고, 짠돌이는 경멸된다. 따라서 유대인 사회에서의 status 는 이 단체에 대한 헌금액에 비례해서 결정된다. 그러므로 유대인의 정치헌금은 단순한 자선행위가 아니라 그들의 생존을 위한 투쟁인 셈이다.

유대인 단체들의 활동목표는, 처음에는, 유대인들의 인권옹호에 있었으나, 최근에는, 흑인과 아시아 계 등 미국 내 minority의 인권옹호에도 중점이 두어지게 되었다. '다른 minority의 적은 유대인의 적이기도 하다'는 논리가 설정되었다. 미국 같은 다인종, 다민족사회에서는, 모든 minority의 권리가 보증되지 않는 한 개개의 minority 들이 안태할 수 없다는 것이다.

이리하여, 미국의 정치는, 결국, 약 6백만 명에 불과한 유대인들이 실질적으로 좌지우지 할 수 있게 되었다. 아직도 유대인을 싫어하는 많은 미국인이 있는 것은 사실이다. 그러나 아무도 그들의 막강한 영향력을 무시할 수는 없는 단계에 이르렀다, 는 것이 오늘의 현실이다.

미국에 사는 한국인은 약 2백만 명이다. 그중 상당수는 미국 정계 진출을 추진 중이지만, 상당수의 한국인은 모국의 정치에 참여하기를 더 희망하는 것 같다. 이것은 뒷걸음질이다. 우리는 바깥으로 뻗어나가야 한다. 그러기 위해서는, '후(who)꼬?' '미(me)다이' 하는 식의 반벙어리 영어를 하루속히 버리고, 미국식 영어에 익숙하도록 노력해야 할 것이며, 미국 사회의 '한글 간판'을 대폭 줄이고, 미국인 가게보다도 더 미국적인 간판을 내걸어야 할 것이다.

지금 세계는 우리가 상상할 수 없도록 빠른 속도로 변해가고 있다. 우리의 자녀들이 활동할 내일은 어떻게 변화해 있을지 짐작도 안 된다. 그러므로 우리는 환경의 변화에 익숙한 전문 기술자들인 유대인을 더 진지하게 연구하고, 본받아야 한다.

나는 우리 젊은 어머니들의 과도한 자녀교육열에 공감한다. 어떤 어머니들은 국내의 외국인학교, 국제학교에 자녀를 취학시키기 위해 남편과의 이혼을 가장하고, 자녀와 함께 외국 국적을 취득하기 위한 편법을 감행했다 하여, 언론의 비난을 받고 있다. 그러나 나는 그들을 일방적으로 비난하고 싶지 않다. 외국 유학에 연령제한이 없다면, 자녀들의 외국인 학교 취학도 불법이 되어서는 안 된다고 생각한다. 이런 문제를 논하면서, 요새 유행처럼 되어 있는, 이른바 양극화론을 개입시켜서는 안 된다. 어떤 학교에 가기를 원하느냐, 하는 것은 개인이 선택할 수 있어야 한다고 생각한다.

그러면서, 우리 젊은 어머니들에게 한 가지를 꼭 상기시켜 주고 싶다. 자녀교육에 열성적인 미국 유대인 가정 거실에는 텔레비전 수상기가 없다는 사실이 그것이다. 부모들은 거실에 둘러앉아서 텔레비전을 보면서 자녀들에게는 자기 방에 들어가 공부를 하라고 한다면, 자녀들은 얼른 이를 납득하지 못할 것이다. 텔레비전을 안 보고 독서를 하면서 자녀들에게 공부하러 갈 시간이라고 알려준다면, 그것이야말로 최적의 교육적 환경이다. 거실에서 텔레비전을 추방하자. 어머니들이여, 독서를 하자.

현대사회의 야만인들

사람은 누구나 자기가 종사하는 직업이라는 '열쇠구멍'(peephole)을 통해 세상을 내다본다. 이발사는 고객의 머리카락을 만져보고, 그 사람의 성격과 건강상태를 짐작하고, 구두 수선공은 손님이 벗어준 신발 닳은 상태를 보고, 그 사람의 걸음걸이와 성격을 알아낸다고 했다.

한번은 경찰간부 한 사람과 우연히 사석에 앉게 되었는데, 그 사람은 느닷없이 나에게 이렇게 말했다. '사람에게는 누구나 때가 있습니다……' 나는 이 말이 무슨 뜻인지 얼른 알아듣지 못 했다. '때가 있다니……' 그러나 차츰 그 말뜻을 알게 되었다. '때'란 '운 때', 또는 '시기'란 뜻이 아니라 '더러운 구석'이 있기 마련이라는 것이었다. 따라서 '누구나 털어서 먼지 안 나는 사람은 없다'가 된다. 참으로 수사기관 종사자다운 말이었다.

이 말을 다른 경찰간부에게 전하였더니, 그 사람은 이런 말까지 나에게 해 주었다. 광화문 네거리에 나가서, 아무나 붙들어 가지고는 조사를 해서, 최소한 징역 6월 이상의 처벌이 가능한 혐의를 포착하지 못한다면, 그 사람은 수사기관원 자격이 없다는 말도 있다는 것이었다.

따지고 보면, 사람은 누구나 한 분야의 전문인이다. 김밥 말아주는 아주머니는 김밥 마는 전문인이고, 수사기관 수사관은 혐의포착의 전문인이다. 보통 사람들은 그런 전문인을 전문인으로 알아내는 전문인이다. 심지어, 사람뿐 아니라 개도 사람을 알아본다고 했다. 이것도 내가 직접 들은 얘기인데, 아무리 사나운 개라도 개 잡는 전문인 앞에서는 미리 겁을 먹고 꼬리를 내린다고 했다.

　그렇다고 해서, 아무나 전문인이 될 수 있는 것도 아니다. 그 나름대로의 수련을 쌓아야만 될 수 있다. 더군다나 그런 등외품 전문인이 아니라 남들이 모두 그것이 전문인이라고 공인 할 수 있는 분야의 전문인이 되기 위해서는 그 방면의 높은 전문교육을 받아야 하고 일정한 자격고시를 치러야 한다. 예를 들어, 교수, 의사, 판검사, 변호사, 공인회계사 등이 그런 사람들이라 할 것이다.

　그러나 어떤 특정분야의 전문인이 되는 것도 보통의 일이 아니지만, 높은 '교양인'이 되기는 그것보다 훨씬 어렵다. 어떤 공부를, 얼마만큼 하면, 교양인이라고 할 수 있는지 기준을 잡기 어렵고, 일정한 자격시험이 있는 것도 아니기 때문이다. 정치인이 바로 그런 범주에 드는 사람이라고 나는 생각한다. 틀림없이 정치인도 한 분야의 전문인이었을 것이다. 하다못해 선거에서 표를 많이 얻는 기술의 전문인이라고 한다든지…… 그러나 표 많이 얻는데 탁월한 기술이 있다고 하더라도 그런 사람을 제대로 된 정치인으로 받아들이기도 어렵고, 더군다나 교양인이라고 할 수도 없다. 예컨대, 어떤 토론회에서 상대방을 여지없이 궁지에 몰아넣는 기술이 있다 해서, 그 사람을 훌륭한 정치인으로 보거나 교양인으로 보기도 어렵다. 오히려, 그런 기술 때문에, 한낱 교양 없는 사람으로 낙인찍히기 십상이다.

훌륭한 정치인이 되기 위해서는 어떤 특정분야의 식견도 중요하지만, 그것보다는, 당시 그 나라, 그 사회가 놓인 상황에 대한, 깊은 통찰과 대응능력이 더 중요하다. 그래서, 이를테면 그 사람의 법률사무처리 능력이 아무리 탁월하다 하더라도, 그 능력만으로는 그 임무를 감당하기 힘들다고 생각한다.

문제는 여기에 있다. 지금, 우리나라에는 교양 없는, 전문가들이 너무 많다. 그들은 아무 거리낌 없이 정치를 말하고, 정치에 나선다. 이것이 큰 문제이다. 교수가 어찌 현실정치를 그렇게 잘 알 수 있는가. 의사도 자기가 전문으로 하는 특정 질병의 진단과 치료라면 몰라도, 정치의 전문가까지 될 수가 있겠는가. 어찌, 정치의 만병통치약을 처방할 수 있다고 하겠는가. 법관 되는 자격시험에 합격한 일이 있다고 해서, 정치전문가가 될 수 있는 자격이 충분하다고 믿을 수가 있는가. 가슴에 손을 얹고 고요히 생각해 보아야 한다. 세상의 전문인들이여, 덤벙대지 말라.

이리하여, 나는 일찍이 스페인이 낳은 위대한 철학자 오르테가를 생각하지 않을 수 없게 된다. 오르테가는 1883년 5월9일, 아버지 호세 오르테가 이 무니야(Jose Ortega y Munilla)와 어머니 돌로레스 가세트(Dolores Gasset)의 아들로, 스페인의 수도 마드리드에서 태어났다. 아버지는 스페인의 언론계에서 이름을 날린 저널리스트 겸 작가였으며, 오르테가의 외조부인 에드왈드 가세트가 창간한 '엘 임파르시알'(El Imparcial)지를 무대로 논진을 펴고 있었다. 그래서, 오르테가는 '신문사 윤전기 위에서 태어났다'고 일컬어지기도 한다.

이런 그의 출생과 환경 때문인지, 그는 나중에 주로 신문을 통해 그의 철학사상을 서술하였으며, 문장은, 현학적인 것이 아니라, 평의하면서도 아름다운 것이었다. 나도 한평생을 신문과 더불어 살아온 사람이다. 그렇기 때문에 오르테가에 대해서는 다른 어떤 철학자보다는 친밀감을 느끼게 되었는지도 모른다.

  그가 15세에 이르렀을 때, 그의 조국 스페인은 심각한 국가적 위기에 봉착한다. 1898년의 미—서 전쟁 패배가 그것이었다. 이 전쟁의 패배로 스페인은 쿠바, 푸에르토 리코, 필리핀 등 얼마 남지 않았던 식민지를 모두 잃게 될 뿐 아니라, 일찍이 대항해시대부터 유지해 오던 국제적 위신도 모두 잃게 된다. 20세기 초엽의 스페인 사상계가 다른 나라에서는 그 유례를 찾아볼 수 없을 만큼, 심각한 문제의식과 비극 주의적 경향을 강하게 보이게 되었던 이유는 바로 이런 이유에서였다. 하루빨리 조국을 재건하고 조국을 다른 유럽 국가 수준으로 높이자는 것이 그 무렵 스페인 사상가들의 공통된 인식이었다.

  그는 독일 유학을 마치자마자, 국립 마드리드 대학 철학과 정교수에 취임하였다. 그때까지만 해도 스페인에는 '철학이 존재하지 않았다' 고 한다. 그래서 오르테가는 대학의 철학교수 자리에 안주하지 않고, 모든 스페인 국민들에게 '철학하는 마음'을 일깨워 주는 데 노력했으며, 신문 잡지에 수많은 논문을 발표하는 한편으로 많은 강연에 출연, 문명비평가로서의 활동에 나섰다.

  이 자리에서 주로 인용하는 그의 불후의 명작, '대중의 반역'(La Rebelion de las Masas, 1930)도 이러한 노력의 일환이었다. 그는 그 자신이 어떤 정치권력을 획득하려는 데 목적이 있는 것이 아니라, 자기주장을 '선택된 소수자'들에게 호소한 다음, 그들 소수자의 열정과 기력을 매개로 하여, 이를 사회 대중들에게 전파하려 했던 것이다. 그리하여, 궁극적으로는 스페인의 정치와 사회적인 모든 조직과 제도에 그 사상을 파급시켜, 진정한 '자유주의와 국민주의'를 스페인에 확립시키려 했다고 할 수 있다.

그러나 그의 이러한 노력은 그다지 성공적이지를 못했으며, 결국은 실패로 끝났다. 그러다가, 그는 1955년 향년 72세로 이 세상을 떠났다.

그는 스페인 국민의 정치의식 고양과 정치 개혁에는 실패했으나, 철학자로서의 그의 예언은 모두 적중하였다. '대중의 반역'이 나온 1930년 초에, 그는 이미, 소련 공산당과 나치 독일과 무솔리니의 파쇼정권의 실패를 예언했다. 이런 그의 예언은 모두 적중했으며, 그 대안으로 '유럽 연합'을 제창했다. 그리고 이것도 결국 성사되었다. 그러나, 내가 정작 놀라고 있는 것은 아마도 그가 생전에는 듣도 보도 못했던 먼 나라인 한국에서, 그의 이론이 그렇게도 정확히 적중되고 있다는 사실이다.

내가 보기에, 지금의 한국은 그가 살아 있던 무렵의 스페인보다는 몇 배, 몇 십 배, 더 심각한 위기상황에 놓여 있다. 스페인은 그때 해외 식민지의 상실에 그쳤지만, 지금의 한국은 세계에서도 그 유례를 찾아볼 수 없는 요상한 정권인 북한과 대치 상황에 놓여 있다. 그들은 언제 우리에게 치명타를 가해올지 종잡을 수 없는 상황이며, 핵폭탄과 미사일로, 우리 뿐 아니라 전 세계를 위협하고 있다.

그런데도 한국의 일부 국민들은 이를 외면한 채, 오르테가가 말했던, '버릇없이 키워진 망나니' 같은 언설을 농하며, 그것이 마치 지식인, 전문인의 표상이기나 한 것처럼 으스대고 있다. 자기가 믿고 있는 바만을 고집하며, 남들의 말에는 일절 귀를 막고, 마치 오르테가가 말한 '현대사회에 갑자기 나타난 야만인'처럼 행세하고 있다. 우리의 상황은 풍전등화임에도 불구하고, 그들은 자기가 누리고 있는 이 평화와 행복은 천부적이며, 어느 누구도 이를 파괴할 수 없다고 믿고 있다.

오르테가는 20세기의 발달된 문명은 과학기술의 진보 덕택이라고 간파했다. 그러나 과학 기술은 분야별로 조각조각 세분화된 여러 분야연구의 소산이다. 이 과정에서 많은 전문인이 탄생했다. 전문인은 자기 분야만 잘 알뿐 인접분야는 무시해야만 전문인이 될 수 있다. 그런데도 양산된 전문인들은 이 사실은 간과하고 있다. 자기가 알고 있는 전문분야만이 최고이고 다른 분야는 무시해도 되는 양 착각하고 있다. 이것이 바로 문제이다.

오르테가는 사회를 '소수자와 대중의 역동적인 정신적 통일체'로 파악한다. 사회는 '소수자가 대중에 대하여 가지는 흡인력'에 의하여 생성된다'고 생각한다. 따라서, 한 사회가 사회로서 제대로 유지, 발전하려면 탁월한 1인 또는 소수의 모범에 추종하겠다고 느끼는 다수의 자발적인 충동이 있어야 한다고 믿는다. 이 경우, 소수자와 대중의 구별은 이른바 '상층계급'과 '일반대중' 같은 사회계급적 구별이 아니라 질적이고 정신적인 것이다. 이때 소수자란 훌륭한 자질을 가질 뿐 아니라 늘 자신에게 높은 사명감을 환기시키며, 그 사회가 당면하고 있는 문제를 스스로 해결해 나가려는 책임감을 품고 있는 사람들을 지칭한다. 오르테가는 이런 사람들을 '진정한 귀족'이라고 부른다. 반면, '대중'이란, 자기 자신에 대하여 아무런 사회적 '의무'를 부과하지 않는 사람, 그저, 그날그날의 생활을 즐기는 사람을 가리킨다.

다시 말하면, '사회'란, 옳은 방향을 제시할 수 있는 '소수의 귀족'과, 이에 충실히 복종하려는 '선량한 대중'이 있어, 이들의 상호작용이 있어야 발전할 수 있다. 따라서, '사회란 귀족적인 정도에 비례해서 훌륭한 사회가 되며, 귀족적이 아닌 정도에 비례해서 비사회화해간다'고 말한다. 그는 이러한 판단을 토대로, 현대사회를 대중지배의 사회로 진단한다.

그러면서 그는 대중지배라는 사실에 내재하는 커다란 가능성과 위험성을 분석하고 있다. 먼저 대중지배란, 현상적으로 보면 과거에는 소수자의 전유물이던 것을 대중이 널리 소유하고 이용할 수 있다는 장점이 있다. 역사적 관점으로 볼 때, 현대는 그 생명력과 가능성에 있어 과거의 어느 시대보다도 훌륭한 시대임에 틀림이 없다. 일부에서는 '서양의 몰락'이라는 논란이 일어나고 있으나 그런 논란은 현실적으로는 전혀 근거가 없다고 할 수 있다.

정작, 문제가 되는, 현대사회에 내재하는 문제점이다. 지금의 현대사회가 과거의 어떤 사회보다 훌륭하다고 생각하면서도, 우리가 우리 자신을 정확히 파악하지 못하고 있다는 사실, 모든 것을 가능케 할 수 있는 능력이 있다고 생각하면서도 무엇을 실현하면 좋은

가를 모르는 시대에 살고 있다는 사실, 다시 말해, 우월감과 불안감이 동시에 기묘하게 혼재하는 시대에 살고 있다는 것이 현대사회의 특징이다.

현대사회가 과거와 크게 동떨어진 발전을 이룬 것은 사실이지만, 다른 한편으로는, 과거 속에서 자기가 나아갈 방향을 찾을 수 없는 상태에 이르렀다는 것을 의미한다. 그래서 현대사회는 자기의 고유 방향을 스스로 발명하지 않으면 안 되는 사회이다. 여기에 현대사회가 안고 있는 난제와 위험성이 있다. 그러나, 현대사회를 지배하고 있는 '대중인'은 원래, 파도에 얹혀 떠내려가는 사람들이며, 삶의 계획을 못 가진 인간들이다. 게다가, 현대사회의 지배적 이데올로기인 민주주의와 과학 기술이 낳은 아들들인 '대중인'에게는 다음과 같은 나쁜 특징이 있다.

현대사회는 대중인들에게 모든 욕구를 만족시킬 수 있는 수단을 안겨주었으나, 그 결과, 현대의 대중인은 '과보호를 받고 자란 개망나니'가 되어 자기를 둘러싸고 있는 풍요로운 환경과 문명을 공기와 같은 자연물로 착각하여, 이런 것들을 만들어낸, 선배들의 존재와 노력을 무시하고 있으며, 자기보다 우수한 사람들의 소리를 들으려 하지 않고 자기 폐쇄적인 인간이 되고 말았다.

말을 바꾼다면, 현대의 대중인은 '문명사회에 갑자기 뛰어내린 미개인, 야만인'이 되고 말았다. 이것이 '대중의 반역'론의 본질이다. 이러한 대중인이 사회적 권력을 장악했다는데 현대 위기의 진상이 있다, 라는 것이다. 그럼에도 불구하고, 20세기 첫 무렵의 유럽에는 참다운 의미에서의 소수자=훌륭한 두뇌는 거의 없고, 이를

테면 있다고 하더라도 유럽은 이런 사람을 그들의 우두머리로 떠받드는 것을 거부하고 있다. 모범적 인간이 없어도, 대중이 반역적이어도, 사회는 타락하지만, 그 양자가 서로 얽혀 있는 것이 현대 유럽의 현실이다, 라는 것이 오르테가의 진단이었다.

이것으로, 잠시, 오르테가와 이별하고, 우리 한국의 현실을 보자. 우리가 못살 때는, 일본을 따라잡자, 구미를 따라잡자, 고 하고 있으면 되었다. 그러나 지금은 그 단계를 지났다. 우리 앞에는 우리가 본받을 교과서가 없다. 우리의 앞길은 우리 스스로가 찾아야 하게 되었다. 도대체, 우리는 어떻게, 어디에서 우리의 길을 찾아야 하는가. 이것이 문제이다.

먼저, 정치에서 길을 찾아야 한다. 정치는 종합과학이다. 한 분야의 전문 지식만으로는 전체를 커버할 수 없다. 컴퓨터 과학은 모든 분야에서 응용되는 과학이지만 만병통치약은 될 수 없다. 이것은 지극히 단순한 진리이다. 컴퓨터만 알면 모든 것을 다 알 수 있는가. 경제만 알면 모든 것을 다 알 수 있는가. 그렇게 믿는 자가 있다면 그것은 이미 과학이 아니라 미신의 신봉자이다. 사실, 경제는 심리학이다. 잘 될 것이라고 믿으면 잘 되는 것이고, 잘 안 될 것이라고 믿는다면, 아무리 여러 지수가 긍정적이더라도 잘 안 되고 마는 것이다. 정치도 하나의 심리학이다. 삐딱한 사람이 많으면 천하 없는 지도자가 나와도 효과가 없다.

스페인은 지금도 유럽연합 속에서 고경을 면치 못하고 있다. 만일, 스페인이, 그때, 오르테가가 지도한 대로, 정치의식을 바꾸는 데 성공하였더라면, 오늘날 그들이 겪고 있는 어려움도 충분히 예방할 수 있었을지 모른다고 나는 생각한다. 스페인의 문제점은 국민성에 있다.

  우리도 스페인의 실패를 재연하지 않기 위해서, 한국에 용기 있는 지도자가 나타나 강권으로라도 국민의 의식개혁을 강행해야 한다. 삐딱한 자들을 몰아내야 한다. 해군기지를 '해적기지'라고 말하는 자들이 없어져야 한다. 지금 우리는 그것이 가능해 보이는 절호의 기회를 맞이하고 있다. '정권 심판론'을 심판해야 한다. 국민을 강북과 강남으로 갈라서 서로 싸우게 하고, 종북좌파 이론을 교과서로 내세우는 부류들을 침묵시켜야 한다. 선거는 비긴 것이라는 일부 원로들을 배격해야 한다. 선거에는 무승부는 없다. 민주주의는 다수의 독재를 허용하는 제도이다. 멍하니, 이런 취중만담 같은 허설을 용납해서는 안 된다.

  북은 우리 정부를 여전히 '괴뢰 역도들'이라 부르고 있다. 상대를 상대로 인정해야 대화가 되는 법인데 그들은 아예 우리를 인정하지 않고 있다. 그러므로 이미 대화의 시간은 끝났다. 이런 냉혹한 현실을 직시해야 한다.

역사의 치부를 감추지 말자

지금으로부터 약 4백년 전 일본을 통일했던 '도요토미 히데요시' 군대는 1592년 4월 우리의 부산에 쳐들어 온지 불과 20일 만에 서울을 함락하고, 압록강가까지 넘보게 되었다. 그러나 조선의 추위는 일본인들에게는 상상도 할 수 없는 혹한인 데다가, 명나라 군사들이 지원군으로 밀려오고, 각처에서 의용군이 일어나고, 이순신 장군이 해전에서 선전하는 바람에, 일본군은 일단 저들의 나라로 되돌아갔다. 이때 우리는 과연 나라를 지킬 수가 있었던가. 생각하면, 참으로 쓰라린 치욕의 역사였다. 이런 국난을 치르고도 우리는 반성을 했던가.

우리는 흔히 반만년의 역사와 세종대왕, 이순신 장군 등 긍정적인 면만을 자랑으로 여긴다. 그러나 우리의 역사는, 결코, 그런 자랑스러운 대목만 있는 것이 아니었다. 그런 것은 우리의 후배들에게 그다지 도움이 되는 지식이 아니다. 나쁜 선배는 자기의 성공담을 말하고, 좋은 선배는 자기의 실패담을 말한다는 말이 있다. 우리는 성공보다는 실패에서 교훈을 찾아야 한다.

나는 우리의 근세사를 읽으면서 무엇보다도 '임오군란'을 중시한다. 그것은 1882년 6월 9일의 일이었다. '군란'이란 군대의 쿠데타라는 뜻이다. 나라를 지켜야 할 군대가 쿠데타를 일으켜 대신들을 살해했으며, 그 무렵 정권실세였던 명성황후는 겁을 먹고 궁을 떠나 장호원의 민응식 가에 피신했다. 고종은 도저히 사태를 수습할 수가 없어, 뒷전에 밀려있던 아버지 대원군을 다시 불러 실권을 맡겼으며, 이때부터 조선에는 사실상 군대가 없는 상태가 된다. 1년 이상 월급을 못 줘 군대가 반란을 일으키다니……

사태가 이 지경에 이르자 청나라는, 대군을 곧바로 조선에 파견하여 그들이 조선의 '종주국'임을 과시한다. 이때 청나라는 아무 공식 직함도 없는 24세의 청년을 파견군 사령관의 수행원으로 파견했는데, 이 사람이 '원세개'(1859~1916)이다. 이후 14년간, 원세개는 안하무인 격으로 우리 조정 위에 군림하며, 조선의 정권을 좌지우지하게 되는데, 그 최초의 사업은 대원군을 납치하여 청나라 천진 근처의 '보정부'에 감금한 일이었다.

그 무렵 관례로는, 대국의 고관이 우리의 고관을 예방하면 반드시 답방을 하는 것으로 되어 있었던 모양인데, 그 관례대로 원세개는 먼저 조선의 실세였던 대원군을 예방하였으며, 대원군은 답방차 원세개를 찾아갔다. 대원군을 맞이한 원세개는 대원군에게 물었다. '그대는 조선국왕이 청나라 황제의 책봉을 받았다는 사실을 아는가.' 이런 질문을 받자, 대원군이 답했다. '알고 있다.'

그러자 원세개가 말했다. '조선 왕이 청나라 황제의 책봉을 받았으니, 당연히, 모든 정령은 왕으로부터 나와야 할 것인데, 그대는 6월 9일의 사변을 통하여, 왕의 대권을 훔쳐, 왕과 황제를 기망했으며, 반대파를 죽이고, 자기 당파를 등용하여, 왕을 퇴임시키려 했다. 이것은 중죄이다. 다만, 그대와 왕은 부자지간이므로, 관대한 처분이 내려지도록 힘써보겠다. 빨리 가마에 올라 마산포로 가서, 군함을 타고 천진으로 가, 조정의 조치를 기다리도록 하시오.'
했다.

대원군은 금방 얼굴이 새파랗게 질렸다. 그러나 대원군의 저항은 이것뿐이었다. '내 가마를 타고 가겠다'는 것이었다. 이리하여 대원군은, 마침내, 7월 13일, 그의 측근도 모르게 납치되어, 청나라의 천진 근처 '보정부'라는 곳에 감금된다.

임오군란의 경위에 대하여, 나는 더 이상 자세히 서술할 흥미를 느끼지 않는다. 만일, 이 문제에 대하여 관심이 있는 독자가 있다면, 그분들은 다른 역사책을 보기를 권유한다. 다만, 나는 한사람의 조선인으로서 이런 역사적 사실을 보고, 피가 거꾸로 흐르는 치욕을 느낀다. 이때 우리에게 과연 나라다운 나라가 있었던가. 나는 이것을 개탄한다.

이로부터 무려 14년간, 원세개는 말을 타고 서울거리를 휘젓고 다니며, 아무 거리낌 없이, 우리의 조야를 떡 주무르듯 해도 아무도 말리는 사람이 없었다. 청나라는, 이 사람을 통하여, 조선이 그들의 '속국'이라는 사실을 만천하에 과시했다. 그러다가, 갑오동학란을 계기로 하여, 청일전쟁이 일어날 낌새가 보이자, 그는 일개 시정의 노인으로 변장하여 자기 나라로 도망가고 만다. 그는 젊었음에도 불구하고, 머리가 백발이라, 노인으로 변장하기 안성맞춤이었다.

구한말에 이르러, 우리가 '대한제국'을 자칭하고, 따라서 왕은 황제가 되고, 왕비는 황후가 되었으나, 이것도, 우리가 우리의 힘으로 그렇게 한 것이 아니었다. 청일 전쟁에서 청나라가 패하자, 일본은 조선이 청나라의 속국이 아니라는 것을 먼저 입증하고, 앞으로 자기들 마음대로 조선을 흡수하고자 그렇게 만든 것이었다. 근자에 '명성황후'라는 이름으로 오페라가 상영되었으나, 이런 사실을 아는 나는 한 번도 이것을 관람하고 싶다는 흥미를 느끼지 않았다. 사람들은, 흔히, '일제 강점기 36년'을 말하지만, 우리가 우리의 독립을 잃은 것은 '이완용'이 이른바 '매국'을 하기 훨씬 전부터였다.

이것뿐이 아니다. 나는 이른바 '을미사변'(1895. 10. 8)과 이로 말미암아 일어난 왕의 '아관파천'(1896. 2. 11~1897. 2. 20)도 국치 사건으로 생각한다. 을미사변이란 주한 일본 공사 '미우라 고로'가 일본의 낭인들을 지휘하여 일으킨 명성황후 시해사건이며, 아관파천이란 이 사태에 겁을 먹은 고종이 러시아 공사관으로 피신하여 1년 이상 러시아 공사의 보호를 받은 사건이었다. 외국 깡패들이 대낮에 사다리를 걸치고, 왕궁으로 거침없이 쳐들어가, 내전에서 왕비를 시해해도, 아무런 저항을 못하고, 왕의 신변 안전을 지키지도 못하는 나라가 어디 나라냐. 대한제국은 이미 그때부터 나라도 아니었다.

일본공사의 왕비시해 작전명은 '여우 사냥'이었다. 그러나 일본의 깡패들은 아무도 명성황후를 본 적이 없었다. 일을 저지르고 난 뒤에 확실히 황후가 시해되었다는 사실을 확인하는 절차가 필요했다. 그들이 아는 바로는 황후의 얼굴에 마마자국이 몇 개 있다는 것이었다. 황후를 침실에서 에워싸고 있던 궁녀들도 모두 살해되었으므로 일일이 시신의 얼굴을 점검했다. 과연, 한 여인의 얼굴에 마마

자국이 있었다.

그러나 이것으로 만족하지 않았다. 시신들의 젖가슴을 풀어봤다. 젊은 궁녀들의 앞가슴은 탱탱했으나 나이든 왕후의 가슴은 약간 쳐져 있었다. 이것으로 겨우 확인이 끝났다. 깡패들은 침전 앞마당에 장작을 쌓아놓고, 기름을 끼얹어 시신을 즉석에서 화장했다. 이것이 대한제국의 실상이었다.

이 모든 사건들이 지금으로부터 약 백년전에 일어난 일이었다. 이럼에도 불구하고, 우리는 지금 무슨 짓을 하고 있는가. 생각하면, 통탄을 금치 못할 일들이었다. 쓸데없이 삐딱한 만담이나 하고, 누구에게 떼를 쓰듯이 종북 좌파적 언동이나 농할 여유가 어디에 있는가.

'종군 위안부' 문제를 제기하며, 일본의 사과를 요구하는 것이 애국이냐. 일본의 천황도 해방 무렵에는 10대 소년이었고, 현재의 일본 수상은 해방될 때 태어나지도 않았던, 1954년생 전후세대이다. 종군 위안부였던 당사자 중에서 지금까지 살아있는 사람은 과연 몇 사람이냐. 누가 누구로부터 사과를 받는단 말이냐. 쓰라린 과거는 과거로 돌리고, 우리는 새로운 미래를 여는 데 더 열중해야 한다. 역사를 보면 영원한 적도 없고, 영원한 우방도 없다.

우리가 결단해야 한다!

역사를 보면, 우리가 먼저 외국에 쳐들어간 전례가 없다. 다만, 우리 스스로가 군사를 되돌려 돌아온 전례가 있을 뿐이다. '위화도 회군'이 그것이다. 그것은 고려의 마지막 왕인 우왕 14년(1388년)의 일이었다. 당시 우군도통사였던 이성계는 요동정벌의 명을 받고, 압록강 하류의 '위화도'에 주둔하고 있었다. 이때 이성계는 이른바 '4불가론'을 내세워, 요동정벌의 부당함을 역설하며, 조정에 회군의 지시를 요청했으나, 중앙에서는 이를 듣지 않았다.

4불가론이란 첫째, 원나라를 밀어내고 중국 중앙의 정권을 잡은 명나라를 상대로 전쟁을 일으키는 것은 이롭지 않다. 둘째, 농번기라 군사동원이 여의치 않다. 셋째, 군사적 공백기를 이용하여 국내에 왜구가 침입할 우려가 있다. 넷째, 장마철이라 우리 군대 내에 질병이 번질 염려가 있다. 라는 것이었다.

사실, 우왕(1364~1389)은 백성의 지지를 못 받고 있는 임금이었다. 그는 선대 왕인 공양왕의 아들도 아니었고, 궁중에 드나들던 괴승 '신돈'과 시비 '반야' 사이에서 태어난 사생아였다. 어찌어찌, 열 살때 왕위에 올랐으나, 즉위 초부터, 명나라와의 외교문제가 대두되고, 왜구가 창궐하는 등 당면문제가 많았음에도 불구하고, 정사는 돌보지 않고, 사냥이나 유희만 즐겼다.

이성계는 자신의 주장이 관철되지 않자, 좌군도통사 조민수 등과 회군을 결의하고, 그 해 5월 22일 휘하 군대를 이끌고 '개경'으로 되돌아와, 우왕의 측근인 최영 장군과 일전을 벌여, 우왕과 최영을 추방하고 조정의 실권을 장악했다. 이리하여 이성계는 조선왕조 창건의 기초를 확립했다. 이것이 위화도 회군의 기록이다. 그러므로 위화도 회군은 외국과의 문제가 아니라 국내정치의 문제였다.

우리는 늘 잠자고 있었다. 외침을 당하고도, 그때만 잠시 깨어 있다가는 이내 다시 잠들었다. 임진왜란의 쓰라린 과거가 채 잊혀지기도 전에 곧 이어, 이른바 '복제 문제'를 가지고 '서인'과 '남인'으로 나뉘어 정권다툼을 벌이는데 여념이 없었다. 나는 '주자가례'가 무엇인지 잘 모른다. 대비의 복상기간이 1년이면 어떻고, 3년이면 어떻다는 것이냐. 이것이 마치 국가존망이 걸린 일대사이기나 한 것처럼 거론하면서 권력투쟁을 벌였으니 알 수 없는 일이다.

지금 우리가 맞닥뜨리고 있는 북핵문제로 눈길을 돌려보자. 김정은 일파가 미사일 발사와 핵실험을 강행하면서, 겉으로는 미국과의 대결을 지향하고 있는 듯이 선전하고 있지만, 이들은 사실상 미국이 아니라 우리를 노리며 만행을 자행하고 있는 것이다. 그들은 남한과의 체제경쟁에 크게 뒤진 상황을 역전시키기 위해 오로지, 핵폭탄과 미사일 한 발로 미국을 견제하며 우리를 집어삼키려 하고 있는 것이다.

그럼에도 불구하고, 국내의 일부 낭만적인 사이비 유식 분자들은 이런 현실을 도외시하고, 북핵문제는, 오로지, 북과 미국 간의 문제로만 받아들이면서, 우리는 아무 것도 하지 말고 가만히 엎드려 있기나 하면 되는 것으로 믿고 있다. 오히려, 그들을 자극하지 말고, 퍼주기나 하고 있으면 되는 것이라는 허무맹랑한 낭설을 퍼뜨리고 있다. 이들이 알고 있는 것은 오로지 복지증진과 빈부격차해소뿐이다. 나라가 망하는데 복지가 어디 있으며, 빈부격차해소가 어디에 있는가. 이 나라에서 재벌만 없어지면 북의 위협은 자동적으로 사라지게 되는 것인가.

미국이 우리를 도우려 하는 것은 확실하다. 그러나 미국도 지금 골치가 아프다. 경제문제로도 골치가 아프고, 이라크와 아프간, 그리고, 이란 문제로도 골치가 아프다. 중국이 크게 체면을 구기고 북한을 견제하려 하고 있으나, 중국도 국내외에 당면문제가 너무나 많다. 러시아도 북한을 달갑지 않게 여기고 있지만 손을 쓸 만한 마땅한 방법이 없다. 일본이 흥분하고 있지만 직접 나설 수단이 마땅치 않다.

결국, 국면을 전환시킬 열쇠를 쥐고 있는 것은 우리뿐이다. 우리가 단호히 결심을 하고, 결사적으로 나선다면, 이웃나라들도 우리를 도울 것이고, 그렇지 않다면, 어물어물 지나갈 수밖에 없다. 그렇게 된다면, 계속해서 존망의 기로에 서는 것은 우리뿐이다.

퇴임이 얼마 남지 않은 이명박 대통령은, 북을 향해, '생존이냐, 핵이냐'를 택일해야 한다고 경고했다. 박근혜 차기 대통령은 '소련이 무너진 것은 핵폭탄이 없어서가 아니었다'고 경고했다. 다 옳은 말이다. 그러나 이제는 말로 할 것이 아니라 행동으로 우리의 결의를 보여야 한다.

나는 이스라엘의 대 이란 태세를 주목한다. 이 나라는 핵전쟁을 하기보다는 사전에 이란의 핵시설을 제거하는 것이 필수적이라는 신념을 갖고 있다. 내가 알기로, 이스라엘의 군사력과 정보력은 막강하다. 그들은 결심만 하면 목표를 확실히 타격할 수 있는 군사력과 정보력을 갖고 있다. 특히, 이 나라의 공군력은 세계 최강이다. '없앤다' 하면 확실히 없앨 수 있는 역량을 갖추고 있다. 뿐만 아니라, 우리처럼 내부에 적과 내통하는 세력도 없다. 그렇기 때문에, 이스라엘이 아랍세력에 포위되고 있어도, 어떤 나라도 이스라엘에 대해 전쟁을 하겠다고 위협하는 나라는 없다.

나도 어릴 때 몇 번 싸움을 해본 일이 있지만, 친구 간에도 입싸움만 가지고는 문제가 해결되지 않을 때가 있다. 그때는 주먹이 제일이다. 설사 몸이 약하더라도, 결사적으로 나서면 이길 수가 있다는 경험을 갖고 있다. 박정희 대통령은 이렇게 말했다. '미친개에게는 몽둥이가 약이다'라고.

우리는 이스라엘에서 교훈을 찾아야 한다. 이스라엘은 국민개병제이다. 남녀를 막론하고, 만 18세가 되면 군인이 된다. 남자는 3년, 여자는 1년 9개월이 복무기간이다. 병역기간이 지나면, 예비역에 편입되고, 남자는 54세, 여자는 24세까지 해마다 1개월씩 훈련을 받는다. 정규군은 18만 명이지만, 예비역을 소집하면 금방 43만명을 동원할 수 있다.

정치는 우리의 국회격인 정원 1백 20명의 '크네세트'가 최고통치기관이지만, 선거는 입후보자 개인에게 투표하는 것이 아니라, 정당에 대하여 투표하고, 정당은 득표비율에 따라 의석을 나눠 갖는 완전비례대표제이다. 따라서 사표는 없다. 그러므로 과반수를 누리는 정당은 없고, 언제나 연립내각이 정권을 담당한다. 우리도 앞으로 개헌을 논의한다면 이스라엘을 참고할 필요가 있다.

우리는 언제나 전쟁의 위험이 도사리고 있는 비상사태 하에 살고 있다. 이 점 한시도 잊어서는 안 된다. 나도 가끔 옛 시조를 흥얼거릴 때가 있다.

풍파에 놀란 사공 배 팔아 말을 사니,
구절양장이 물 도곤 어려웨라,
이 후란 배도 말도 말고, 밭 갈기나 하리라.

참으로 느긋한 말이다. 그러나 그것은 태평성대에나 할 수 있는 얘기다. 우리 자신뿐 아니라 우리의 아들 딸, 손자 손녀의 사활이 걸려 있는 북 문제를 도외시하고, 그런 안일한 생각을 하고 있을 여유는 우리에게 없다.

나는 잠시 KBS 사장을 한 일이 있다. 그때, 노래 하나를 짓게 한 일이 있다. 벌써, 그것은 20여년 전 일이다.

'마음은 하나'

얼굴은 달라도 마음은 하나
이름은 달라도 조상은 하나
손에 손 맞잡고 함께 달리자
희망찬 내일이 우리를 부른다.

우리의 일 년은 세계의 십년
하나로 세계로 미래로 가자.

뿌리가 깊으면 튼튼히 서고
새암이 깊으면 마르지 않네
오천년 이어온 찬란한 문화
세계의 무대에 맘껏 펼치자.
우리의 일 년은 세계의 십년
하나로 세계로 미래로 가자.

나는 그때 신년의 KBS 제작목표를 나타내는 표어를 사내 공모를 통해 모집했었다. 이것은 그 결과로 나온 표어를 토대로 만들어진 노래이다. 당선된 표어는 '우리의 일 년은 세계의 십년, 하나로 세계로 미래로 가자,' 였다. 당선자는, 한 여성 PD였으나, 나는 그때 너무나 일이 바빠, 이분을 직접 만나지는 못했다. 지금도 그것을 유감으로 생각한다. 이 노래의 작사자는 '박문영' 씨, 작곡자는 '최종혁' 씨로 되어 있다. 지금 들어도 명시요 명곡이다.

국회에서 대북 경고 결의안을 만장일치로 채택하여도, 이유 없이, 이에 불참한 군소정당이 있었다. 우리는 반드시 그 이유를 따져야 한다.

결국은 두뇌싸움이다

내가 처음으로 평양을 찾아간 것은 73년 3월 12일이었다. 이때는 남북 간에 '남북조절위원회'라는 것이 구성되어 있었고, 그 제1차 회의는 72년 11월 서울에서, 제2차 회의는 73년 3월 14일부터 평양에서 열렸다. 나는 그 무렵 한국일보 편집 부국장이었고, 남측 취재단의 일원이었다. 남측 대표단은 당시 중앙정보부장이던 이후락이 위원장, 부위원장은 장기영이었다.

우리는 판문점의 북측 사무소인 판문각 뒷마당에 북측이 대기시켜 놓았던 승용차를 타고 육로로 평양을 향했다. 정식 대표단은 소련제 승용차인 '차이카', 취재단은 독일제 '벤츠'를 탔다. 날씨가 상당히 쌀쌀했으며, 판문각 화단에는 키가 10센티 쯤 자란 사루비아 꽃이 허옇게 서리를 뒤집어쓰고 있었다.

그때 우리 남쪽의 산에는 그런대로 나무가 울창했으나, 북쪽의 산은 나무라고는 찾아볼 수 없는 민둥산이었다. 나는, 처음에는, 이곳이 휴전선 근방이라, 앞으로 전쟁이 날 때를 대비하여, 이른바 시계청소를 해놓은 것으로 생각했으나, 민둥산은 평양에 들어설 때까지 계속되었다. 그래서 깨달았다. 날씨는 남쪽보다 훨씬 춥고, 달리 난방용 연료가 공급되는 것도 아니어서, 결국, 나무는 아궁이로 다 들어갔구나, 라고 생각하게 되었다.

내가 탄 벤츠 뒷좌석에는 우리 측 취재기자 두 사람이 탔고, 앞좌석에는 이른바 '안내원 선생'이 타고 있었다. 한참을 가다가, 이 안내원 선생이 뒷좌석의 우리를 돌아보면서 말했다. '우리 씹으면서 가시자요.' '씹으면서 가자니……' 우리 상식으로는 '씹는다'고 한다면, 누군가를 '욕한다'는 뜻이었다. 도대체, 이게 무슨 소리인가. 그러나 '씹는다'는 것은 그런 뜻이 아니었다. '뭘 좀 먹으면서 가자'를 이북식으로 말한 것이었다.

그러면서 그는 퍼런 플라스틱 과자 통을 들어보였다. 그러나 그도 이것을 처음 보는지 얼른 열지를 못 했다. 내가 말했다. '선생, 이렇게 돌려 보시라요,' 했더니, 금방 열렸다. 들여다보았더니 그때 우리 문방구점에서나 팔던 이른바 '시온' 비스킷 같은 것도 있었고, 허옇게 간이 핀, 초콜렛도 있었다. 도로는 시멘트로 포장되어 있었으나, 매끄럽게 마무리가 안 되어 있는 탓인지 마치 자갈밭을 달리는 느낌이었다.

대표단의 회의장 겸 숙소는, 대동강 가에 있는 을밀대 밑 부벽루 앞 '모란봉초대소'였고, 우리 취재단 숙소는 보통강 가에 신축된 '보통강려관'이었다. 보통강려관에는 서점도 있었다. 나는 그곳을 가보고 깜짝 놀랐다. 이공계 기술 서적에도 저자 이름은 '김일성'으로 되어 있었다. 나는 물었다. '사상이나, 정치, 또는, 역사'에 관한 책이라면 몰라도, 이런 기술관계 서적까지도 '수령님이 직접 저술한 것입니까,' 했다. 안내원 선생은 이렇게 대답했다. '네, 모두 수령님의 교시를 받들어 저술된 것이기 때문에 수령님이 직접 저술한 것이나 다름이 없습네다.'

우리는 대표단의 공식 회의가 진행되고 있는 동안, 초대소 앞마당에서, 수많은 북측 기자라는 사람들과 대화를 했다. 그들은 이런 비공식적인 대화에도 언제나 2인 1조가 되어 우리와 만났다. 그들은 자기들 견해와 다른 의견을 우리가 말하면, 때를 놓치지 않고, 우리에게 위협적인 말을 해왔다. '박부장 선생, 선생은 공화국에 들어올 때는 선생 마음대로 들어왔지만, 나갈 때는 우리의 허락을 받아야 나갑니다……' 나는 말했다. '그렇다면, 선생은 서울에는 영영 오지 않을 작정이요?'

내가 평양을 다녀 온지도 벌써 40년의 세월이 흘렀다. 이 40년 동안, 나는 언제나 불고가사하고, 북을 예의 주시해왔다. 그러고는 느꼈다. 북에는 인재도 없고, 정보도 없는 것 아니냐, 하고. 그들은 언제나 우리의 정치에 영향력을 미치게 할 작정인 것 같았으며, 우리 쪽에 수 만 명에 달하는 인원을 파견하여 첩보망을 구성해 놓고 있다고는 하지만, 제대로 쓸 만한 정보를 수집해 놓고 있는지 의심스러울 때가 많다.

왜냐하면, 그들은 침묵을 지켜야 할 때는 떠들고, 좀 떠들어야 할 때는 침묵하고 있다. 그들은 언제나 자기네들이 미리 세워둔 스케줄대로만 움직이고 있으며, 임기응변과는 담을 쌓고 있다. 이번 우리의 대선 때도 마찬가지였다. 그들은 야당후보를 지원하고 싶었던 모양이지만, 그들의 행동은 우리 측 야당후보 당선에 장애가 될 만한 일들만을 골라가며 감행했다. 미국도 정권교체기를 맞이하고 있었지만, 일단, 사안이 안보관계라면, 민주당도 공화당도 없다는 사실을 잊고 있었다. 핵실험과 미사일 발사 시험으로 미국을 흔들 수는 없다. 이것을 왜 모를까.

나는 그 해답을 3대 세습과 독재에서 찾았다. 북에는 자유로이 자기의 의견을 말할 수 있는 인민도 없으며, 구성원으로부터 다양한 의견을 퍼 올릴 수 있는 언론도 없다. 당이 있다고는 하지만 자기의 말을 생각한대로 말할 수 있는 당원은 없다. 당도 있으나마나 한 존재이다. 있는 것은 오로지 전권을 행사할 수 있는 수령과 그 옆에 엎드려 있는 소수의 당 고위간부뿐이다. 이런 체제가 한 두 해도 아니고, 벌써 70년이나 되었다. 이런 경직된 체제가 제대로 작동한다면 그것은 기적이다.

뿐만 아니라, 북한의 형법을 보라. 이 형법 제4조는 이 법의 목적을 명시하고 있다. 국가 사회의 모든 분야를 '주체사상으로 일색화하는데 기여'하는 것이 목적이라는 것이다. 따라서, 당 간부도, 인민도, 모두 납작 엎드려야지, 함부로 고개를 쳐들거나, 눈길 한 번 잘못 굴리면, 그 사람은 바로 끝장이다. 우리말에 '상 지당, 하 글쎄'라는 것이 있다. 윗사람이 말하면, 무조건, '지당하옵니다,' 하고, 아랫사람이 말하면, '글쎄……'라고 하면 된다는 것이다. 그 이외의 다른 말을 했다가는, 언제, 어떤 날벼락이 떨어질지 모르기 때문이다. 이런 상태는, 아마도, 그들 체제의 마지막 순간까지 계속될 것이다.

그들의 형법에는 '부당 재판죄'라는 것도 있다. 재판관이 부당한 재판을 하면 중벌로 처벌된다는 것이다. 부당한지 아닌지를 판단하는 것은 결국, 한 줌의 최고 당 간부들이다. 그러므로 이 죄를 모면하려면 재판관은 언제나 법정 최고형을 선고해야 안전하다. 이토록 경직된 체제가 70년이나 계속되고 있으니, 다양한 의견이 올라올 리도 없고, 인재가 자랄 여지도 없다. 유용한 정보가 수집되었더라도, 그들 고위층의 입맛에 맞다고 생각되는 것만 올리고, 그렇지 않은 것은 묵살될 것이다.

그러나, 체제경쟁은 언제나 두뇌싸움이다. 유연한 두뇌로 명석한 판단을 내리는 측이 이기기 마련이다. 그런데도 그들은 언제나 한결같이 험상궂은 말로 승부를 걸려 하고 있다. '불바다를 만들겠다', '핵폭탄을 터뜨리겠다', '선전포고로 받아들이겠다', 한다.

지금이 어떤 세상이냐. 그들이 아무리 험상궂은 말투로 공갈을 한다고 하더라도 겁먹을 나라는 없다. 지금은 탱크도 힘 못 쓰고, 난공불락의 요새 속에 숨어도 있어도, 안전할 수 없는 세상이다. 우리는 그들의 동정을 한시도 놓치지 않고 들여다보고 있다. 무인전폭기가, 일단, 떴다, 하면, 끝장이 나고 만다. 특공대가 출동했다 하면, 승패는 그 순간에 결정된다. 전쟁의 양상은 6.25 때와는 판이하다. 반면, 우리에게는 정보와 인재가 많다.

그러나 그들은 이 중대한 사실을 인정하지 않으려 할 것이다. 우리 내부에, 많은 종북세력을 심어놓고 있는 것을 만족하게 생각하고 있을 것이다. 그러나 이 종북세력도 우리의 인구수에 비해서는 극소수에 불과하다. 왜 이것을 모르는가. 결국, 그들은 우물 안 개구리들이다.

그들의 유일한 해외 거점인 조총련은 지금은 아무도 드나드는 사람이 없는 폐허 상태이다. 그것마저도 머지않아 경매에 붙여져 남의 손에 넘어가게 되어 있다. 이번에 그들의 이른바 제3차 핵실험을 계기로, 일본 정부가, 북에 가 있는 조총련 간부 6명의 일본 재입국을 금지시키자, 그나마 믿을 곳이 하나도 없게 되었다. 이런데도 그들이 여전히 큰 소리를 치고 있다면 이것은 한갓 웃음거리이다.

그들은, 하루속히 꿈에서 깨어나, 현실을 직시할 필요가 있다. 김일성은 한때 조선사람의 행복론을 피력한 바 있다. 조선 사람은, 기와집에 살고, 비단옷을 입으며, '이밥'(쌀밥)에 고깃국을 먹으면, 그것이 최고의 행복이라는 것이었다. 그런 조건대로라면, 대한민국 사람들은 모두 불행한 사람들이 된다. 지금 기와집에 사는 사람이 얼마나 되는가, 비단옷을 입는 사람이 몇이나 되는가, 쌀밥에 고깃국 먹기를 좋아하는 사람이 얼마나 되는가. 쌀밥보다는 보리밥을 별미로 여기는 사람이 얼마나 많은가.

인민에게 밥도 제대로 못 먹이는 주제에, 핵폭탄 한발에 생사를 걸고 있는 그들은, 지금 세계의 웃음거리이다.

'종북'은 '진보'가 될 수 없다

'코리아 연방을 생각하자!' 아마도, 독자 여러분 중에는 이런 대선 현수막을 본 기억이 있을 것이다. 이것은 한 군소정당 후보가 내건 것이었다. '추진한다'가 아니라 '생각하자'로 되어 있어 어쩐지 박력이 있는 것도 아니었다. 나는 생각했다. 무슨 뚱딴지같은 소리냐, 라고. 대통령이 되겠다고 나선 사람이 '하겠다'가 아니라 '생각하자'라니…… 그러더니 얼마안가, 이 사람은 후보마저도 사퇴했다. 다른 야당후보의 당선에 도움이 되고 싶다면서.

그때나 지금이나, 남북 연방을 생각할 만한 상황도 아니었다. 북은 온 세계가 반대하는 미사일 발사시험을 강행했다. 그 뒤, 상황은 더 악화됐다. 이른바 3차 핵실험까지 감행하고 말았던 것이다. 이런 일이 없었더라도, '연방을 생각'하려면, 남과 북의 체제가 비슷하고, 국민의 생활수준도 비슷해야 할 것인데, 그때나, 지금이나, 그런 상황도 아니다. 그럼에도 불구하고 억지로 연방정부를 만들려고 한다면, 북에는 계속해서 일당독재와 3대 세습을 인정해주고, 우리 쪽만 자유민주체제로 가야 할 것인데, 이런 것이 과연 연방이냐.

이 분이 말하는 것을 들어본 바로는, 이 분은 무척 똑똑한 것 같았다. 그러나 과연, 이 사람이 현실을 통찰하는 정치인인가를 의심하게 했다. 그는 한낱 몽상가인가 아니면, 어떤 세력의 부탁을 받고 선거라는 기회를 그들의 선전광장으로 이용하게 하려는 광고대행업자냐, 를 의심하게 했다.

우선, 북은 우리를 전혀 인정을 하지 않고 있다. 오로지, 미국만을 상대하려 하고 있다. 우리 보고는 '괴뢰 역도들'이라고 지칭하고 있다. 요컨대, 한방으로 타도해야 할 대상이지, 더불어 무슨 논의를 할 상대로는 보지 않고 있다. 그런데도 불구하고 연방을 하겠다고 한다면 그것은 '종북'이다. 만일 그렇지 않다고 말한다면, 그 사람은, 불가능을 가능케, 요술을 부리는 사람이라야 할 것이다. 그러면 이 사람은 요술쟁이냐.

이들은 '진보'라는 말을 무척 사랑하는 것 같다. 그러나 진보냐, 보수냐 하는 것은 고정된 개념이 아니라 상대적인 개념이다. 같은 상황을 놓고도, 어떨 때는 그것이 진보가 되고, 어떨 때는 그것이 보수가 된다. 자본주의 시대에, 공산주의로 가자는 것은, '진보'로 인식될 수 있지만, 공산주의가 쇠퇴한 마당에, 계속해서 공산주의를 부르짖는다면, 그것은 '보수'가 된다. 그러므로, 지금 북의 체제를 찬양한다면 그는 보수주의자이고, 자유민주주의를 지향한다면 그는 진보주의자가 되는 것이다. 그러나 이런 자명한 원리를 무시하는 이른바 식자들이 우리나라에는 너무나 많다.

오늘 조간신문을 보니, 국회 본회의장에서, 의사방해를 목적으로, 최루탄을 터뜨린, 어떤 '진보' 정당 소속의 현직 국회의원에게 유죄판결이 내려져, 이 사람의 의원직이 박탈될 처지에 놓이게 되었다고 한다. 또 한 사람의 '진보' 정당 대표였던 사람은 스스로 정계은퇴를 선언했다고 한다. 이런 보도들이, 모두, 이른바 진보정당의 앞날을 암시하는 것 같기도 하다.

이제, 이른바 진보주의자들은 진보의 탈을 벗어야 한다. 더군다나, '종북'은 절대로 진보가 될 수 없다는 것을 깨달아야 한다. 이 땅의 진보주의자들은 대한민국의 헌법적 질서를 파괴하는 것이, 마치, 진보의 핵심인 것처럼 오해하고 있는 것 같으나, 양심적으로 말해서 대한민국이 지향하고 있는 길이 진보적이냐, 아니면, 북한식으로 가는 것이 진보적이냐, 를 판별해야 한다.

나는, 종북주의자가 아닌, 박근혜가 차기 대통령으로 당선된 것을 무척 다행으로 생각한다. 선거란 후보로 나선 사람 중에서 한 사람을 뽑는 것이다. 상대적으로 나은 사람 한 사람을 뽑는 것이다. 만일, 박근혜 아닌 다른 사람이 당선되었더라면 지금 우리는 어떻게 되어 있겠는가. 생각만 해도, 등골이 오싹해진다.

논자들은, 지금, 박근혜 차기 대통령이 정치를 잘 할 수 있는 사람이냐를 말하고 있다. 특히, 정부조직법 개정이 아직 이루어지지 않았는데도 신설될 해당 장관을 임명한 것은 부당한 것처럼 말하고 있다. 그러나 나는 이들과는 견해를 달리 한다. 물론 대통령이 바뀔 때마다 정부조직을 개편하는 것은 옳은 일은 아니다. 그러나 이것은 그동안 상식처럼 되어 있던 일이다. 박근혜 만을 나무랄 일이 아니다.

이런 일을 없게 하려면, 우리의 헌정사가 일정한 방향으로 확립되어 있어야 한다. 나는 아무리 훌륭한 대통령이 나오더라도 임기

5년의 단임으로는 큰일을 할 수 없다고 생각하고 있는 사람이다. 이런 폐단을 근절시키려면, 5년 단임제 대통령들이 자기의 임무를 너무 크게 잡지를 말거나, 의원내각제가 되거나, 해야 한다. 의원내각제도 당수가 바뀔 때마다 당명까지 바뀐다면 도루묵이다.

따라서, 지금은, 신임 대통령이 하고 싶은 대로 하게 할 수 밖에 없다. 야당도 진정으로 애국적인 견지에서 정부조직법 개정을 반대하고 있지도 않다. 우리가 반대하면 당신의 새 정치도 순탄하지 않을 것이라고 경고하는 의미가 강하다. 그렇다면, 설사, 야당이 찬성을 하지 않고 있더라도, 국회에서 원내 다수의석으로 이를 개정하면 그만이다.

살며 사랑하며

지금까지, 나는 꽤 여러 가지를 아는 것처럼 말했지만, 사실은, 나는 둔하기 짝이 없는 '형광등'이었다. 몸도, 결코, 건강한 편이 아니었다. 어릴 때, 나는 언제나 내가 폐결핵이 걸리지 않을까 염려했다. 그러던 내가 80이 넘도록, 이만큼 건강하게, 그리고, 남에게 기죽지 않고 살고 있는 것은, 오로지, 좋은 나라, 좋은 시대에 태어나, 좋은 분들을 만난 덕분이었다.

나이가 꽤 들고나니, 가끔, 옛날 일이 생각날 때가 있다. 중학때 교장선생님이시던 김하득 선생은 지금도 자주 생각이 난다. 작달막한 체구지만, 조회시간에, 그분이 하시던 '훈화'는 일품이었다. 내 생각으로는, 아마도, 5분간 스피치를 이분만큼 잘 하는 분은 없을 것이다. 짧은 연설이었지만, 기승전결이 뚜렷하고, 억양도 적절했다. 언제나 말미는 이 말로 맺어졌다. '그러니, 여러분, 주의하람……'

고교 때의 배익우 교장선생님의 철학특강은 내가 평생을 두고 잊을 수 없는 교과서가 되었다. 나중에 내가 국회의원이 되어 있을때, 한 동료 의원의 장인이 그 배 교장선생님이라는 사실을 알았는데, 그 분의 부인을 보고는, 단박에, 그분이 배 교장선생님의 따님이라는 것을 알 수 있었다. 너무나 닮았었다.

'본질이란, 그것 없이는 그것이라고 할 수 없는, 그것이다……'
이것이 내가 배 교장선생님으로부터 전수받은 '본질론'이다. 본질이
무엇인지를 더 이상 설명할 필요는 없을 것이다.

　동양사 선생님이시던 이가원 선생님도 나에게는 잊을 수 없는 선
생님이셨다. 선생님은 내가 그분의 동래고 제자 가운데 대표라면서
내가 사회에 진출한 뒤에도 자주 나를 불러주셨고, 나의 학위취득
기념 휘호도 해 주셨다. 나의 아호를 '지연'이라 지어주셨다. 나는
지금도 그때 받은 '지연 서실'이라는 글씨 판각을 소중히 보관하고
있다.

　내가 '형광등'이라고 말한 것은, 결코, 겸손의 말이 아니다. 내가
대학 1학년이었을 때 나는 우연히 한 서클의 멤버가 되었었다. 멤
버 중에는, 법대생도 있었고, 의대생도, 공대생도 있었으며, 여대생
도 있었다. 그중의 한 여대생과는 따로 만나기도 했다. 그 여대생은
이화여대 의대 학생이었다. 하루는, 이 학생이 나에게 이런 말을 했
다. '결혼이 늦어질 것 같아 학교를 그만둬야 하겠다.' 그때, 나는
이 말이 무슨 말인지를 알아듣지 못했다. 그래서 아무 말도 못하고
지나쳤다. 그 뒤 이 여학생은 학교를 그만 둔 것 같았다.

　그러고는 40년이 지나고, 50년이 지났다. 내가 수원대학교에 교
수로 재직하고 있을 때, 나는 자주 연구실에서 침식을 했다. 학생
들도, 이웃 방 교수들도, 다 자기 집으로 돌아가고, 학교에는 나
혼자 남았다. 이 때, 우연히도 그때 생각이 났다. 그러고는 문득
깨달았다. 그것은 이런 말이 아니던가. '당신은 나를 결혼상대로
생각하고 있느냐?'라는 물음이 아니었던가.

나이는 서로 같았지만, 그 무렵 나는 결혼은 전혀 생각할 수 없는 형편이었다. 졸업 후의 진로를 가지고 심각한 고민에 싸여 있었고, 아버지의 건강도 좋지 않을 때였다. 아무리 그렇다 하더라도 그 여학생의 말귀도 못 알아듣다니. 멍청해도 보통 멍청이가 아니었다는 것을 깨닫는 데 무려 4~50년이 걸리다니……

사람들은 자기 건강에 관하여, 무척, 신경을 쓰는 것 같다. 그러나 나는 이 문제에 관해서도 무덤덤하다. 어떤 증상이 나타나면, 그때 가서, 병원에 가고, 그렇지 않다면 일부러 병원을 찾아다닐 필요는 없다고 생각하고 있다. 그런데도 나는 참으로 훌륭한 의사 선생님을 만났다.

5.16이 나고, 정치활동이 재개되었을 때, 나는 사회부 기자에서 정치부 기자로 바뀌어 있었다. 밤낮없이 뛰었다. 이때, 나는 심한 어깨통증을 겪었다. 안마도 해보고, 뜨거운 목욕물로 찜질도 해 보았으나 별 효과가 없었다. 하루는 퇴근길에 버스를 타고 가다가 차가 삼선교 정류장에 머물렀을 때, '김철수 내과'라는 간판을 보게 되었다. '김철수'는 나중에 헌법학 교수로 유명해진 내 대학 친구 김철수와 똑 같았다. 나는 급히 내려 그 병원의 문을 열고 들어갔다. 의사선생님은 연탄난로를 안고 혼자 앉아계셨다.

내가 통증을 호소했더니, 그분은 내 직업과 일상의 생활습관을 묻고는 이렇게 말씀하셨다. 요 건너편 약방에 가서, 내가 그런다고 말하고, '업존뎁보'라는 주사약을 한 병을 사오라, 고 했다. 그것은 정력제라고 선전되고 있는 약이 아닙니까, 했지만, 잠자코 사오기나 하라는 것이었다. 상당히 거금을 주고 주사약을 사오니, 당시에 항생제를 담던 것과 같은 작은 유리병에 노란색 가루가 들어 있었다.

의사선생님은 주사바늘로 무슨 물을 주입해서 약을 녹여 가지고는, 나에게 바지를 내리라고 한 다음, 엉덩이에 그 약을 주사했다. 치료비가 얼마냐고, 물었지만, 그냥 가라 했다. 그 약은 참으로 신기했다. 그 뒤로 나는 지금까지 어깨통증을 모르고 산다. 나는 참으로 좋은 의사선생님을 만났던 것이다. 당시, 나는 너무나 바빠, 선생님의 진료가 즉효였다는 인사도 못하고 만 것을 크게 후회하고 있다.

나는 인사도 제대로 못 차리는 형광등, 바보 멍청이였다. 그러나 나는 지금 그것을 그리 잘못된 일이라고 생각지 않고 있다. 만일, 내가 약삭빠르고 똑똑했다면, 아마도, 지금의 나는 없었을 것이다. 그만큼 엉뚱한 짓을 해서, 흠도 그만큼 많아졌을 것이다. 나는 앙천부지 부끄러운 일은 없었다고 생각하고 있다.

정치부 기자생활을 하면서도 여러 훌륭한 지도자를 많이 만났다. 그중에도 4.19 이후 과도정부 수반을 역임한 허정 선생과 이상철 선생은 나를 친 아들처럼 아껴주셨다. 허정 선생은 나에게 이런 말씀을 해주셨다. 내가 보기에 박 기자는 앞으로 장관도 되고 크게 출세를 할 것 같은데, 그때 유의할 점은 '결코 서류를 보고 결재하려 해서는 안 된다,' 라고 하셨다. 내가 짐짓 물었다. '서류를 안 보고 어찌 결재를 합니까,' 라고. 그랬더니, 이 분은 설명하셨다. 서류가 아니라, 장관실로 들어오는 부하의 걸음걸이를 보고, 결재를 해야 합니다, 했다.

그러고는, 부연해서 설명했다. 서류라는 것은 장관의 눈치를 보고, 그에 맞추어 만드는 것입니다. 그 안건은 해주는 것이 옳지 않겠느냐, 라는 눈치를 보였다면, 안 해주면 큰일 나는 것으로 서류를 만들고, 그 반대의 눈치를 보였다면, 해 주면 당장 나라가 망하는 것으로 서류를 만든다, 는 것이었다.

언론계의 대선배였던 이상철 선생님은 나에게 이렇게 말씀하셨다. '정치자금은 생선 먹듯이 해야 한다,' 라고. 먼저 상했는가 살펴보고, 가시가 있는가, 를 보아야 한다. 그리고, 혹, 낚시 바늘이 숨겨져 있는가도 보아야 한다, 는 것이었다. 이렇게 따지다가는 결국, 아무 것도 못 먹게 된다. 그래서 그런지, 이상철 선생님은 청렴한 분이셨다.

김성곤 선생도 잊지 못할 분이다. 그분은 나를 보면 언제나 다정하게 내 어깨를 감싸 안고는, '동생, 별일 없지……' 했다. 내가 성곡 언론재단 장학생으로 일본 동경대학 유학을 간 것도 결국은 이분의 덕택이었다. 내가, 만일, 그때 일본 유학을 가지 못했다면, 오늘의 나는 없었을 것이다.

김재순 선생도 나를 끔직히 사랑해 주셨다. 내가 KBS 사장을 마치고, 언론회관 이사장으로 가 있을 때, 국회의장이 되더니, 나를 불러, 국회 사무총장으로 오라고 권해 주셨다. 그 때는 이른바 여소야대의 시대였다. 나는 앞으로 정계에는 있지 않을 작정이라고 이를 사양했더니, 그러면 무얼 할 생각이냐고 물으셨다. 나는 대학 교수를 좀 해 보려 한다고 대답했다. 그랬더니, '이 보라오, 다른 사람은 그것을 하다가 다 기어 나오는데, 자네는 왜 새삼스럽게 그

곳으로 가려하는 거야?' 하셨다. 좌우간, 한번 해보려 합니다, 하고, 끝내 사양하고 말았다.

재계의 이병철, 정주영 선생도 못 잊을 분들이다. 이병철 회장은 내가 서울경제신문 편집국장이었을 때 처음으로 대면했다. 이 회장은 나에게 무려 3시간 가까운 긴 시간 동안 인터뷰에 응해주셨고, 내가 KBS 사장일 때는 내가 창안한 한 시간짜리 프로인 '일요방담'에 두 번이나 출연해 주셨다. 아마도, 그 분의 생전에, 인터뷰를 3시간 동안 한 기자는 나뿐일 것이다.

정주영 회장은, 내가 수원대학교 교수일 때, 백두산 방문단에 초청해주셨고, KBS 사장 때도, 여러 차례, 재계 거물들의 비공식적 회식 자리에 나를 초청해 주셨다. 그 분의 헬리콥터를 단둘이서 타고 서산농장에 간일도 있었다. 나중에 그 분이 신당을 창당하고, 대통령 후보로 나설 때, 나를 사무총장 내정자로 지명해 주었으나, 나는 이를 끝내 거절했다.

언론계에서도, 장기영 선생과 김연준 선생은 내가 잊을 수 없는 분들이다. 장기영 선생은 나에게 신문기자 되는 길을 열어주셨고, 김연준 선생은 나에게 정치부장될 기회를 주셨으며, 그 이후에도 두고두고 나에게 크나큰 혜택을 주셨다. 김연준 선생이 안 계셨다면 내가 어찌 한양대학교에서 박사학위를 받을 수 있었겠는가. 학위가 없었다면, 어찌 내가 대학교수가 되고, 총장이 될 수 있었겠는가. 참으로 고마운 분이다.

당시의 명 사회부장이던 김현재, 최호 선생도, 나에게 어떤 것이 뉴스가 되고, 어떤 것이 뉴스가 안 되는 것인지를 가르쳐주셨다.

옛날 애기가 나온 김에, 내가 법대에 들어갔음에도, 법관자격 획득을 위한 고등고시를 응시하지 않은 경과도, 사랑하는 나의 손자 손녀들을 위해, 몇 자 적어두고 싶다. 내가 법대생으로 재학하고 있을 때, 당시의 서울지방 법원장이던 김준원 씨가 해상법 강사로 법대에 출강했었다. 이 분은 교정에서 학생들이 인사를 하면, 몸은 뒤로 넘어가고, 모자만 약간 앞으로 들어 보이는 분이었다. 바로, 이 분이 현직 법원장이면서 피고의 신분으로 법정에 서게 되는 형사사건이 일어났다. 당시, 나는 김윤행 판사의 이웃에 하숙을 하고 있었다.

나는 이 재판을 꼭 방청하고 싶었다. 김 판사님에게 방청권을 부탁해서 법정에 가보았다. 재판장은 얼굴이 새카만 조근묵이라는 부장판사였다. 재판장은 김준원 법원장 피고에게 반말로 물었다. '피고인은 서울지방 법원장을 하였다는데 그러한가.' 이런 질문이 떨어지자, 피고는 금방 이성을 잃은 사람으로 변했다. '그러면, 법원장의 임무는 무엇인가.' 이것이 다음 질문이었다. '부하를 지시감독하고……' 제대로 말을 잇지 못 했다. '재판에 있어서도 부하를 지시 감독 하는가.' 피고의 두 눈에서는 눈물이 폭포처럼 쏟아지고 재판장에게, 좀 앉아서 답변을 하도록 허가해 달라고 청원했다. 나는 이 광경을 보고, 앞으로, 절대로 법관이 되어서는 안 되겠다는 결심을 했다.

만일, 이런 광경을 목격하지 않았더라면, 그 뒤, 나는 법관이 되어 있었을지 모른다. 사실, 많은 동기생들이 사법과, 또는 행정과에 합격했거나, 양과에 동시에 합격했다. 나도 응시를 했더라면 합격했을지도 모를 일이다. 그러나 나는 그렇게 하지 않았다. 이 광경은 그토록 충격적이었다.

생각하면, 나는 그동안 실속 없고, 수지 안 맞는 일만 찾아 다녔다. 자유당 때만 하더라도 동아일보는 다른 어떤 신문도 따를 수 없는 특별한 신문이었다. 대우도 파격적이었다. 월급도 다른 신문의 2배, 3배가 되고, 보너스도 두둑하고, 그 밖의 근무수당도 많았다. 이것을 박차고, 대우가 비교도 안 되는, 한국일보로 되돌아갔다. 5.16을 계기로 해서, 사회부 기자생활에 종지부를 찍고, 정치부 기자로, 새 출발하기 위해서였다.

그럼에도 불구하고 굶어죽지 않은 것은 천만다행이다. 내가 이런 처신을 하고도, 여태까지 이 만큼 건강하게 살고 있는 것은, 오로지, 현명한 아내를 만났기 때문이다. 최복희 씨에게 최대의 경의를 표한다. 딸이 넷이지만, 솔직히 말해서, 나는 이들이 어떻게 자랐는지를 잘 모른다. 그것은 모두 아내의 소관이었다. 지금, 나는, 내 손자 손녀들 생각만 해도, 저절로 행복해진다. 오직, 감사할 뿐이다. 나는, 미력이나마, 이들의 평화와 번영을 지키는 일을 계속할 것이다.

이제, 이 글을 끝낼 때가 되었다. 마지막으로, 내 애송시 한 수,

'먼 후일'

먼 훗날 당신이 찾으시면

그 때에 내 말이 '잊었노라'

당신이 속으로 나무라면
'무척 그리다가 잊었노라'

그래도 당신이 나무라면
'믿기지 않아서 잊었노라'

오늘도 어제도 아니 잊고
먼 훗날 그 때에 '잊었노라'

세계는 지금

눈을 크게 뜨고, 나라 밖을 살펴보자. 온 세계가 동서로 양분되어 있던 냉전시대만 해도, 세계질서는 그런대로 안정 상태를 유지하였으나, 소련이 무너지고, 미국의 일극시대로 접어들어 이른바 '팍스 아메리카나' 시대로 안정되는 듯하던 것도 잠시, 이제는 온 세계가 중심이 안 잡히는 춘추전국시대를 맞이하고 있다.

'팍스 아메리카나'의 '팍스'란 '평화'라는 뜻이다. 로마를 중심으로 하는 평화는 '팍스 로마나'의 시대였고, '팍스 브리타니카'는 '영국 중심의 평화'를 뜻한다. 이제는 '팍스 시니카'라는 말도 이따금 등장하지만, 과연, '중국 중심의 평화' 시대가 열릴지는 아직 아무도 모른다. 언제, 어디서, 어떤 사태가 일어날지 아무도 모르는 예측불가능의 시대에 우리는 살고 있다.

그런데도, 우리 국내에서는, 대통령에게 무엇이든 해결하라고 요구하면서도, 대통령의 손발을 묶어놓지 못해 안달이다. 과연, 이 복잡한 글로벌 시대에, 우리 대통령이 결심만 하면, 우리 국민의 모든 욕구를 다 해결할 수 있는 시대냐? 이것부터, 우선, 밝히고 넘어가야 할 것이다. '책임 총리제'가 무엇이냐. 그런 것은, 말로는 그럴듯하지만, 국정에 관한 모든 책임이 대통령에게 귀착되는, '대통령 중심제', 그것도, '5년 단임제' 아래서는 영원히 실현될 수 없는 과제라고, 나는 생각한다. 그리고, 무엇 때문에 정부조직법은 개정되면 안 된다는 얘기냐, 나는 그것을 알 수 없다.

한동안, '다보스 포럼'이라는 것이 국제적인 주목을 받았었다. 각국의 각계 정상급 인사들이 이 포럼에서 세계의 미래를 찾으려 했다. 그러나 이러한 열기는 지금 찾을 수 없다. 비싼 돈을 내고 가봐야, 얻는 것이 별로 없기 때문이다. 그런 자리에서, 세계의 앞날을 다 잘 알고 있는 듯이 말하는 사람은, 다, 자기 나름의 이해관계를 대변하고 있다는 사실이 드러났기 때문이다. 은근히 자기의 사업, 또는, 나라에 유리하게 해설하고 있을 뿐이었다.

지금, 우리가 가장 잘 알고 있어야 할 나라는 '이란'이고, 지역은 '중동', 종교는 '이슬람'이다. 북한이 강행한 제3차 핵실험의 배후에도 이란이 있었다는 보도가 있다. 이란도 북한처럼 핵폭탄을 가지려고 노력하고 있어, 세계의 제재를 받고 있는 처지지만, 자국 영토에서 핵실험을 하면, 언제든지 선제공격을 하겠다고 공언하고 있는 이스라엘 등 인접국을 크게 자극하게 될 것을 우려하여, 북한에게 그 작업을 떠넘겼다는 것이다. 그러므로, 이란은 우리에게 있어, 북한 못지않게 주목해야 할 나라이다.

오랫동안 아랍권의 지도적 국가는 이집트였으나, 이른바 '아랍권의 봄' 이후, 알제리아, 리비아, 이집트, 시리아의 독재정권이 연달아 무너지고 난 이후, 이슬람권 종주국의 역할을 이란이 맡고 나설 작정이다. 그 이란이 북한과 밀접한 관계에 있다는 사실은 우리에게 커다란 관심의 대상이 되기에 충분한 조건을 갖추고 있다.

원래, 아랍권에는 국경이 없었다. 낙타를 타고 이리저리 떠도는 유목민의 세계였다. 어디를 봐도 사막뿐인 이 지역에 국경이 생긴 것은, 1930년대 중반에, 이 지역에서 석유가 나기 시작하면서부터였다. 국경도 그들이 직접 나서서 그은 것이 아니라, 서구 선진국들이 그어준 것이었다. 그들에게는 석유를 채굴할 기술도 없었고, 이를 정제할 능력도, 석유류를 외국에 내다팔 능력도 없었다. 그런 것들은 모두 선진국들이 가지고 있었다. 그런 선진국들이 임의로 선을 그어, 현지인들에게 이 땅의 주인은 당신이라고 일깨워 주었다.

땅 주인, 나라 주인들은 가만히 앉아서, '소작료'만 받아먹으면 그만이었다. 나라를 지키는 일도 서구의 선진국들이 맡아서 해주었다. 나라의 주된 수입원은 석유에서 얻어졌고, 국민에게는 세금을 물릴 필요도 없었다. 왕들과 왕족들은 호화로운 사치생활만 하고 있으면 그만이었다.

그러나, 이들의 안목이 점차 높아지기 시작하자, 서구 사람들에 대한 증오도 싹트기 시작했다. 국경선을 그어준 영국과 프랑스 등은 어느새 일찌감치 뒷전으로 물러나고, 오로지, 미국이 증오의 대상으로 지목되었다. 아랍권, 이슬람권이 반미로 뭉친 것은, 특히, 이스라엘이라는 나라의 존재 때문이었다. 이란이 핵무장을 하려는 것도 이스라엘을 몰아내기 위한 전략의 일환이다.

이스라엘이 현재의 위치에 나라를 세운 것도 세계 제2차 대전 뒤의 일이었다. 이스라엘에는 세계 각처에서 모여든 고급 인재들이 많았으나, 아랍권에는 '제정일치'의 독재정치가 주류였기 때문에, 인재가 양성될 수도 없었다. 오로지, 높은 자존심과 '이슬람'이라는 종교적 이념뿐이었다. 이것은 제2차 대전 후, 여태까지, 70년 동안, 3대에 걸친 세습정권을 유지하고 있는, 북한과 일맥상통하는 체제라 할 수 있다.

이슬람은 조상의 정통성을 따지면서, '시아'파와 '수니'파로 양분되어 있다. 이들은 같은 이슬람이라도 종파가 다르면, 이른바 피로 피를 씻는 '성전'(지하드)의 대상으로 여긴다. 관용이란 있을 수 없다. 그러므로, 이슬람 국가 간에는, 정치는 없고 오로지 테러와 전쟁이 있을 뿐이다. 민주주의는 우애와 관용을 토대로 하고 있다. 우애와 관용이 배제되는 곳에 민주주의가 뿌리내릴 수는 없다. 이것이 이슬람 국가 간에 자살 폭탄 공격이 극성을 부리는 이유이다. 성전에 참여하면, 그 사람에게는, 사후에, 무한한 영광이 보장되는 것으로 믿고 있다.

중동지역은 종교문제 외에도, 심각한 환경문제를 안고 있다. 환경문제는 주로 '물' 문제이다. 우리는 물이 귀한 줄도 모르고, 그야말로, '물 쓰듯' 쓰고 있으므로, 우리가 얼른 납득하기 어려운 문제이나, 중동에서는 이것이 다른 무엇보다도 심각한 문제이다. 강우량이 매우 적기 때문에, 사람들이 흩어져서 천막생활을 할 때만 하더라도 큰 문제가 될 수 없었으나, 인구가 늘어나고, 도시화가 이루어지기 시작하자, 이것은 다른 어떤 문제보다도 심각한 문제가 되었다.

우리도 얼마 전까지는 오늘처럼 물을 마음대로 쓸 수 없었다. 파인 김동환의 시에 '북청 물장수'라는 것이 있다.

'북청 물장수'

새벽마다 고요히 꿈길을 밟고 와서
머리맡에 찬물을 싸아 퍼붓고는

그만 가슴을 디디면서 멀리 사라지는 북청 물장수

물에 젖은 꿈이 북청 물장수를 부르면
그는 삐극삐극 소리를 치며
옴 자취도 없이 다시 사라진다.

날마다 아침마다 기다려지는

북청 물장수

　그때 집집마다에는 부엌에 물 항아리가 있었다. 아침마다 물지게
를 지고 와서, 거기에 물을 퍼부어주는 것이 '북청 물장수'였다. 그
래도, 우리는 한강을 끼고 있었기에, 원천적으로 물 자체가 부족한
것은 아니었다. 다만, 집집마다 이것을 공급해주는 설비가 정비되
어 있지 않았을 뿐이다. 나중에는 상수도가 들어왔으나, 수도꼭지
는 마당에 한 곳이 있었을 뿐, 부엌까지 들어오지 않았고, 화장실
에는 아주 최근에야 이것이 들어왔다. 물을 마음대로 쓴다는 것은
부자나라의 상징이다. 수세식 화장실이 보급되기 전에는, 서울은
온통 똥냄새의 도시였다. 집집마다 대문 바로 옆에 오물 수거 뚜껑
이 있었고, 이 뚜껑 밑에서 늘 똥냄새가 풍겨 나왔다. 그때를 생각
하면, 지금은 한국전체가 지상천국이다.

특히, 이스라엘과 팔레스타나 간에는 물 공급량에 격차가 있다. 팔레스티나인 한 가족이 하루에 쓰는 물은 평균 60리터이나, 이스라엘인의 그것은 3백 50리터이다. 이스라엘인의 그것도 결코 많은 양이라고는 할 수 없지만, 팔레스타인의 그것은 매우 적다. 이것이 바로, 분쟁의 씨앗이다.

우리의 동아건설은 카다피 대령 시절, 리비아 사막 밑으로 장장 4천 2백 킬로를 관통하는 대규모 송수관 가설공사를 수주해서 이를 완공시켰다. 4천 2백 킬로는, 진실로 아찔한 거리이다. 이것 하나만 보더라도 중동의 물 문제가 얼마나 심각한가를 알 수 있다.

이란과 이스라엘의 대립이 아무리 심각하더라도, 이스라엘을 중동에서 떠나게 할 수는 없다. 서로 끝장을 보기 전에는 그런 일은 일어나지 않을 것이다. 지금, 알제리, 리비아, 이집트와 시리아가 내부문제로 아무리 무정부 상태가 되더라도, 미국이나 제3국이 얼핏 개입하기도 어렵다. 어느 세력을 지지하더라도, 그것이 그 지역의 항구적인 평화를 가져다준다고 전망할 수 없기 때문이다.

그러면, 결국, 어떻게 될 것인가. 확고한 의지를 가지고, 나라를 지키는 나라는 살아남을 것이고, 실력을 갖추었다 하더라도 외교를 잘못하면, 그 나라는 망하고 말 것이다. 지금 단계로는 이 이상의 전망은 누구도 할 수 없다.

우리의 남북문제도 이런 중동의 문제와 상당부분 그 궤를 같이하고 있다. 우리가 국론의 양분을 막고, 나라를 확고히 지킬 태세를 확립한다면, 우리가 승리할 것이고, 이른바, '민주주의', '언론자유'

에 얽매어, 그렇게 하지 못한다면 승리를 장담할 수 없다. 지금은 온 국민이 비상한 결심을 해야 할 때이다.

국내의 어떤 정파는 새 대통령의 취임식에도 불참하고, 새 대통령의 아버지인 박정희 대통령을 가리켜, 그가 청년시절 '애국의 편에 섰던가'를 따지고 있다. 그렇다면 이들은, 결국, 김일성만 찬양하고 있다고 보아야 할 것이다. 김일성은, 과연, 우리 국민은커녕, 이북의 인민들을 행복하게 해 주었던가를 묻지 않을 수 없다. 아무리 우리가 관대하다 하더라도, 이런 거동이 용납될 여지는 없다, 할 것이다.

기타의 야당도 처음에는 시시비비로 국정에 참여할 듯이 내비치고 있었으나, 이제는 확실히 태도를 바꾼 듯하다. 이명박 정권이 들어서자마자 벌렸던, 이른바, 광우병을 트집 잡아, 촛불 데모로 정권의 기를 꺾었듯이, 초장부터, 박근혜 정권의 기를 꺾을 작정인 것 같다. 그렇다면, 박근혜 정권도 태도를 분명히 해야 한다.

대 이라크 전쟁에서도 미국은 오판을 했다. 전쟁 개시 3주일 만에 후세인 정권이 무너지고, 미국과 영국군은 승리했다. 미국은 이라크인들이 미군을 '해방자'로 환영하고, 미국과 더불어 새로운 공화국을 설립할 것으로 생각했다. 세계각처에 흩어져, 민주주의를 경험했던 이라크인들이 이라크로 돌아와서, 새 정부에 참여해서, 이란을 봉쇄하고, 이스라엘과 평화조약을 체결하고, 새 이라크 정부는, 민주주의와 경제자유화로 지역사회 개혁의 모델이 될 것으로 믿었었다. 그러나 이러한 미국의 예측은 빗나갔다.

부시정권은 이란을 이라크, 북한과 더불어, '악의 추축'으로 불러왔다. 그러나 이라크를 둘러싼 아랍의 이슬람은 그렇게 단순한 것이 아니었다. 이라크에서 수니파를 넘어뜨리고, 시아파가 정권을 잡는 것을 좋아하지 않는 이웃나라가 여럿 있었다. 이란도 그렇고, 사우디아라비아도 그렇다. 그만큼 중동의 이슬람은 배후가 복잡하다.

중동에서 눈을 돌려, 아시아를 바라보자. 중국이, 욱일승천지세로, 떠오르는 것 같지만 중국도 문제가 너무나 많다.

중국은 시장경제를 한다고 하면서도, 정부에는 재무부도 없고, 외무부도 없으며, 심지어, 중앙은행도 없다. 최고 결정권을 가진 중앙기관은 오직 공산당뿐이다. 중국에는 이른바 4대 국유 상업은행이 있다. 공상은행, 건설은행, 중국은행, 농업은행이 그것이다. 흔히는 중국은행을 중앙은행인 것처럼 오해하는 사람도 있지만, 이것도 단순한 상업은행일 뿐이다. 결정권은 모두 당이 갖고 있다.

중국은 사유재산이 인정되지 않는 나라이다. 그러므로 땅 값이라는 것은 있을 수 없다. 일정한 기간 동안 한정된 토지사용권이 인정될 뿐이다. 예컨대 어떤 당 고위간부가 어떤 토지사용권을 5십억 원에 사려고 한다면, 그 사람은 5십억 원을 융자해줄 은행을 불러오면 된다. 은행간부는 그 융자를 거부할 수 없다. 그렇게 한다면, 금방, 목이 떨어지고 말 것이다. 얼마 있다가, 그 땅을 6십억 원에 판다면, 금방 십억 원이 남는다. 이때도 은행은 원매자에게 6십억 원을 융자해주면 된다.

이렇게 돈은 쉽게 벌린다. 부동산 투기 붐이 꺼질 수가 없다. 그런데도 당의 장악 아래에 있는 국유상업은행들은 불량채권 율이 1％라고 발표하고 있다. 사실, 자꾸 융자를 해주기만 하면 문제가 생길 수도 없을 것임으로 불량채권이 생길 수도 없을 것이다.

중국에 진출한 외국기업은 언제 재산을 몰수당할지 알 수 없는 상태이다. 거기서 번 돈을 어떻게 반출할 것인지도 문제이다. 게다가, 중국의 저임금도 이제는 끝나 가고 있다. 노령화는 가속되고 있다. 외국 기업들은 앞을 다투어 베트남, 라오스 등으로 빠져나가고 있다.

중국은 우리에게 최대의 무역 상대국이다. 이런 중국이 점차 위기에 봉착해 가고 있다. 우리는 정신을 바짝 차려야 할 단계에 와 있다. 그런데도 불구하고, 우리 국내에는 평화중독증, 행복중독증이 만연하고, 현 정권이 무너지기만을 기다리는 듯 '저질정치'가 만연하고 있다.

이제, 우리가 죽고 사는 문제는 우리 손에 달려있다. 언제까지 앙칼진 헛소리만을 되풀이 하고 있을 것이냐.

나는 점심을 어디서 먹든 간에, 커피만은 명동에서 들기를 좋아한다. 그곳에는 각국의 젊은이들이 밝게 웃으면서 오가고, 빌딩 외벽에는 거대한 우리의 젊은이 사진들이 걸려 있다. '동방신기', '보아', '장근석' 등이 이런 사진들의 주인공이다. 이것을 보면서, 나는 희망을 찾고 있다. 혹세무민을 일삼는 일부 젊은이들이 나에게 안겨준 실망감을 이들이 다소 해소시켜주고 있다는 것을 느끼면서.

KBS 사장 '야화'

사전을 찾아보니, '야화'란 '밤에 모여앉아서 하는 이야기', '부담 없이 들을 수 있는 이런저런 세상 이야기'라고 되어 있다. 이것도 그런 이야기 중의 하나이다.

어떤 인연인지, 나도 한때 KBS 사장이라는 자리에서 일을 해보기도 했다. 사실은, 이때의 얘기는 별로 하고 싶지 않은 부분이나 오늘은 그것을 과감히 털어내 놓고 해보기로 한다.

KBS는, 하기 좋은 말로 대표적 '공영방송'이라고는 하나, 그 당시는, 사실상, 문화공보부의 산하 기관이라 할 수 있었다. 그런데, 나는 KBS 사장 취임 초부터 문화공보부 장관과 사이가 나쁘게 되었다. 그것은 주로 세 가지 이유에서였다. 그 첫째는, 문공부장관이 나의 직전 KBS 사장이었다는 사실, 둘째는, 이분이 장관이 되고서도, KBS를 너무나 사랑하는 나머지, 밤에도, KBS 주변을 한 번 순시하지 않고는 잠을 못 잤다는 사실, 셋째는, 후임 사장인 나의 동의도 없이 항상 장관실에 KBS 간부들을 불러 모아놓고 있었다는 사실 때문이었다.

이것 뿐 아니라, 그분은 사장직을 떠날 때, KBS 중요 간부 20여 명의 인사이동을 결정해 놓고는 최종결재는 하지 않은 채, 이를 나에게 떠넘기고 갔었다. 내가 부임하니, 당시 인사를 담당하던 경영본부장이 헐레벌떡 나에게 찾아왔다. 장관께서 인사이동 결재서류를 저에게 맡기고 가셨는데, 이를 어찌하면 좋겠느냐는 것이었다. 내가 최종결재를 해주면 될 것 아니오, 했더니, 그렇게 하면 큰 일난다는 것이었다. 그렇다면, 당신이 대안을 마련해 가지고 오면 될 것 아니오 하고는, 그를 내보냈다.

그러고 나서 1주일이 넘어도 그 서류는 오지 않았다. 이러는 동안 한번은, 세종문화회관에서 무슨 연주회가 있어 그 자리에 갔는데 장관과 마주쳤다. 그분은 대뜸 나에게 말하였다. 그 서류 결재 빨리 하시오, 그러는 것이었다.

돌아와, 그 본부장을 불러 대안작성이 끝났느냐고 물었으나 그는 꿀 먹은 벙어리였다. 나는 그에게 명령했다. 그렇다면 할 수 없지요, 내가 결재를 할 테니 빨리 그 서류를 가지고 오시오, 했다. 그도 이 일 때문에 장관으로부터 시달림을 받아온 것 같았다. 서류를 갖고 오자, 나는 아무 주저도 없이 사장 난에 사인을 했다.

그러고 나자, 사내에는 이상한 소문이 떠돈다고 했다. '사장에게는 밉보여도 괜찮지만, 회장님에게는 잘못 보이면 큰 일 난다'는 것이었다. 나는 어떤 어려움이 있더라도 내가 책임을 지고 일을 하려는 사람이지, 납작 엎드려 월급이나 받아먹으려는 사람이 아니다. 나는 가까운 시일 안에 어떤 중대 결심을 하지 않으면 안 된다고 생각했다.

마침, 내 친구 중에는 공기업을 연구해서 박사학위를 딴 전직 교수가 있었다. 이 사람을 찾아가서, 전후 사정을 말하고는 최소한의 인사 조치로 이 사태를 수습할 수 있는 방안을 만들어달라고 부탁했다. 이 사람은 KBS 기구표가 있었으면 좋겠다고 말했다. 그럴 줄 알고, 나는 미리 주머니에 기구표를 가지고 갔었다. 그는 근시였다. 안경을 벗고, 이리저리 기구표를 훑어보더니 회답을 주었다. 이 사람과 이 사람을 맞바꾸면 되겠네, 했다. 그러면서 덧붙여 말했다. 이런 인사는 말이 새나가지 않도록 전광석화로 실시해야 한다는 것이었다.

회사로 돌아온 나는 이번 인사 대상인 간부를 사장실로 불렀다. 그와 개별적으로 대면하는 것은 이것이 처음이었다. 그는 인사부장을 거느리는 국장이기도 했다. 내가 말했다. 당신은 그 동안 많은 일을 했더라. 그러나 입사한지는 얼마 되지 않았고, 그 동안은 주로 사장 비서실장 격으로 일을 했던데, 사장이 바뀌었으니, 이제, 자리를 한번 바꾸어보는 것이 어떻겠소, 했다. 그는 무슨 일이든 내가 시키는 대로 따르겠다고 말했다. 우리가 지금 '86 아시안 게임', '88 올림픽' 방송 준비 등 해야 할 일이 태산 같으니, 당장 일을 시작합시다. 남자 대 남자로 말합시다. 앞으로, 누가 무슨 말을 한 대도 내 말을 따르는 것이지요? 하고 다짐을 받았다. 그러고는 내가 명령했다. '당장, 돌아가서 인사부장을 올려 보내시오.'

곧 인사부장이 들어왔다. 인사부장을 만나는 것도 이것이 처음이었다. 지금 인사이동 결재 서류를 한 장 만들어 가지고 오시오. 인사부장은 들고 온 노트를 펴들려고 했다. 인사는 간단합니다. 경영관리실장을 업무국장으로, 업무국장을 경영관리실장으로, 이상입니다. 두 사람 이름은 잘 알고 있겠지요? 내가 지금 나가야 하니, 5

분 내로 서류를 만들어 가지고 올라오시오, 했다.

시간을 재가며, 인사부장을 기다렸다. 그러나 이 사람 저 사람 찾아가서 중간 결재를 받느라, 5분은 더 걸렸다. 나는 서류에 사인을 하고는, 그에게 명령했다. 당장 시행하시오. 조간신문 지방판 인사란에 이것이 꼭 나도록 조치하시오, 했다. 그러고는, 사장실을 나왔다. 비서실 직원에게는, 혹 어디서 전화가 오거든 내가 곧 사무실에 되돌아온다고만 말하라고 일렀다.

그때는 휴대전화도 없었던 시절이다. 나에게 연락할 수 있는 유일한 방법은 사장 차에 가설돼 있던 무선전화뿐이었다. 그날 저녁에는 아무도 나에게 무선전화를 걸어온 사람도 없었다.

그러나, 이튿날 아침 회사에 출근을 하고보니, 난리가 나 있었다. 조간신문을 보고 사태를 알게 된 장관은 새로 경영관리실장이 된 사람을 장관실로 호출하여 즉각 사표를 내라고 명령했고, 경영관리실장이던 사람에게는 새로 임명된 자리로 가지 말고 회사에 출근도 하지 말라고 지시했다는 것이었다. 신임 경영관리실장이 나에게 나타나서 자기는 어떻게 하면 좋겠느냐고 물었다. 내가 말했다. 당신은 장관님 말씀대로 사표를 낼 작정이오? 그는, 제가 무얼 잘못했기에 사표를 내야 합니까, 했다. 당신이 자진해서 사표를 낸다면 모를까, 내가 억지로 당신에게 사표를 내게 할 생각은 없소, 말했다. 여러 말 말고, 당장 새 자리로 가서 업무를 시작하시오.

이 인사 한 방으로, 사내의 분위기는 꽤 일신되는 듯 했다. 나는 전 경영관리실장이 만일 계속해서 출근을 안 한다면, 인사위원회를 소집해서 더 강한 인사 조치를 단행할 생각이었다. 그러나 그는 곧 출근했고, 따라서 더 이상의 인사 조치는 필요 없게 되었다.

장관실에 매일, KBS 간부들이 소집되어 있는지는 내가 직접 확인하러갔다. 어느 날, 나는 아무 사전 통고도 없이, 장관실로 찾아갔다. 예상대로, 장관비서실에는 십여명의 KBS 간부들이 모여 있었다. 그들은 기겁을 하며 일어서서 나에게 인사를 했다. 내가 비서실 직원에게 물었다. 안에 손님이 있습니까? 아무도 없다고 했다. 나는 누구의 안내도 안 받고 장관실로 들어갔다. 다른 데 볼일이 있어 지나가다가 과문불입을 할 수 없어 장관님께 인사를 드리러왔다고 했다. 그러고는 바로 나왔다. 비서실에 있던 KBS 간부들이 밖에까지 따라 내려와 나를 전송했다. 나는 말했다. 장관님 지시를 잘 받고 좋은 프로그램 만드시오, 했다.

그때는 문공부 소관 사업으로 '독립기념관' 건설이 진행 중이었다. 그러다가 독립기념관 공사장에서 대형 화재사건이 일어났다. 장관은 KBS에 이 사건의 축소보도를 지시했다. 이 보고를 받고, 내가 말했다. '똬리로 무엇 감추는 격'이라는 말이 있지요? KBS가 축소보도를 한다고 해서, 사건이 축소되는 것입니까, 그런 것은 아니지요?

KBS 본관, 사장실과 본부장실이 모여 있는, 복도에는 'D—000일'이라는 구호가 매일 날짜를 줄여가며 붙어 있었다. 그러나 실질적으로는 아무 준비도 안 되어 있었다. 심지어는, 이 일을 담당할 기구조차 마련되어 있지 않았다. 나는 워싱턴 특파원으로 나가 있던 이정석 씨를 불러, '올림픽 방송본부장'에 임명하고는, 급히, 1

층 로비에 칸막이를 해서 사무실을 만들었다. 올림픽 방송본부는 내가 정관개정도 하지 않고 급조한 기구였다.

본관 뒤에 넓은 축구장이 있었는데, 나는 이 잔디를 걷어내고 그 자리에 '국제 방송 센터'를 건설할 작정이었다. 설계를 공모했고, 응모작 중에서 하나를 결정을 해야 했지만, 장관님은 별다른 이유 없이 이를 차일피일 늦추고 있었다. 나는 할 수 없이 전두환 대통령에게 택일을 부탁하기로 결심했다.

대통령께서는 반색을 하며 나를 맞아주었다. 바쁘시겠지만, 꼭 좀 보아주셔야 할 안건이 있습니다, 하고 설계도면 일람표를 펼쳤다. 지금 사내에서는 이것이 제일 좋다고 하지만, 저는 구식 건물인 현 KBS 본관과 신, 구가 조화를 이룰 수 있어, 이것이 가장 적합하다고 생각합니다. 기능은 대동소이라고 생각합니다, 했다. 대통령께서는, 그러면 그렇게 하시오, 하면서 당장 결재란에 서명을 하려고 했다. 이때 나가 말했다. 각하, 이것은 장관의 결재를 아직 못 받은 것이니, 결재는 요다음에 해 주십시오, 했다. 대통령은 그렇다면, 나에게는 결재를 받으러 다시 오지 않아도 됩니다. 나는 사장의 결정을 존중하겠소, 했다.

청와대에서 나오자말자, 나는 장관실로 찾아갔다. 장관은 내가 청와대를 갔다 오는 것을 눈치 챘는지, 설계결정은 사장의 직권 사항이니 나는 전혀 이의가 없다고 말했다. 이로써 오래 동안 골치를 썩이던 설계문제는 끝장이 났다.

이밖에도 장관의 견제는 계속되었다. KBS는 2-TV에서 얻어지는 광고수입으로 운영된다. 그것을 잘 알면서도 장관은 '에너지 절약'이라는 이유를 내세워, 2—TV의 방송시간을 대폭 단축시키는 조치를 취했다. 에너지 절약이라는 미명 아래 나의 목을 조르려는 심산이었다.

나는 매일 아침 집을 나서면서 '오늘이 마지막 출근'이라는 결심을 하면서 소관 업무에 전념했다. 그러다가, 불과 1년 반만에 그 자리에서 물러났다. 장관도 나와 동시에 장관자리에서 물러났다. 신임 장관은 MBC 사장이던 이웅희 씨였다.

국회에서 문공위원회가 열릴 때는 으레 KBS 사장을 불렀다. 그러나 나를 상대로 질문을 하는 국회의원은 없었다. 그들은 나를 불러 앉혀놓고는 문공부 장관에게 왜, 방송통제를 제대로 하지 않고 있느냐고 질문했다. 쉽게 말해, 왜 언론자유 통제를 하지 않고 있느냐고 묻는 것이었다. MBC 사장은 아예 부르지도 않았다. KBS와는 달리, MBC는 민간 상업 방송이라는 것이었다. KBS는 채널도 많고, 방송시간도 하루 2백 50시간이나 되었으나, MBC는, 달랑, TV 한 채널, AM 라디오 방송 한 채널, FM 라디오 한 채널뿐이라, 방송시간도 비교가 안 되는 단출한 살림이었다. 그러나 사장 월급은 KBS의 2배, 기타 직원 월급도 모두 KBS의 배나 되었다. KBS 사장은 참으로, 수지 안 맞는 자리였다.

그러나, 정작 '공영방송 타령'을 더 많이 하고 있는 것은 그때나 지금이나 MBC였다. 이것을 보면서, 나는 지금도 무척 기이하게 생각한다. 어느 것이 암 까마귀이고, 어느 것이 숫 까마귀이냐.

사장실 벽면에는 여러 개의 TV 모니터들이 한 면 가득히 설치되어 있었고, 내 집에도 벽면 가득히 모니터가 설치되어 있었다. 이것을 안 볼 수 없는 것이 사장의 직책이었다. 물론 음향을 죽여 놓고 있었지만. 이것을 쳐다보고 있으면, 정신착란이 일어나기 십상이었다. 물론, 시력에도 손상을 입혔다. 난시가 되기 가장 알맞은 여건이었다.

사내에, 방송 심의실이 있었지만, 방송 프로그램 전체가 문제가 되는 일은 드물었고, 문제는 그중 몇 초의 내용이 문제였다. 그러므로 심의보고만으로는 잘잘못을 가릴 수는 없었다. 사장이 직접 볼 수밖에 없었다.

KBS 사장 자리에 있으면 오라는 사람도 너무나 많았다. 대한민국에서 내로라 하는 사람은 모두 KBS를 자기의 수하처럼 못 부려먹어서 안달이었다. 노골적으로 협박하는 사람도 많았다. 나를 소홀하게 대접하고, 당신이 오래 해 먹을 수는 없다는 것이었다. 심지어는 가수와 탤런트 부탁을 하는 실력자도 많았다.

가끔은, 내가 왜 이 짓을 하고 있는가, 생각할 때도 많았다. 그러나, 그때마다, 나는 이렇게 생각했다. 편하고, 대우 좋은 자리가, 어찌, 나같이 멍청한 사람에게 돌아오겠는가.

사실, 내가 이 '야화'를 하는 것은, 야화 그 자체에 목적이 있는 것이 아니라, 근자에 국회에서 벌어지고 있는 우리나라 형편이 너무나 가소롭기 때문이다. 야당은 박근혜 대통령이 취임한지 몇 주가 지났는데도 박 대통령이 원하고 있는 정부조직개편안을 통과시켜 주지 않고 있다.

그 최대의 걸림돌이 무엇이냐. KBS 사장을 임명할 때, 국회 청문회를 거쳐야 하도록 개정하자는 것이다. KBS 사장자리가 국기를 흔들도록 중대한 문제인가. 되묻지 않을 수 없다.

아는 분은 알겠지만, 정부가 방송에 관여하게 된 가장 근본적인 이유는 이런 것이다. '방송 채널은 유한하다'는 것이다. 신문은 전파 채널을 이용하지 않기 때문에 누구나 마음대로 신문 사업을 할 수 있는 반면, 방송은 공공의 재산인, 유한한 전파의 특정 채널을, 독점적, 배타적으로 사용하게 하는 것이므로, 당연히, 정부의 허가를 받아야하고, 방송사업자는 공익성과 공공성과 공정성을 지켜야 한다는 것이었다. 방송이 공정성과 공익성과 공공성을 준수하고 있느냐 없느냐를 따지는 것은 '공익을 대표' 하는 정부, 더 구체적으로 말하면, 그 나라의 경찰, 검찰이다. 여기에 야당이 끼어들 여지는 없다.

그러나 방송통신 기술의 발달로 인하여, 지금은 사정이 전혀 달라졌다. '방송채널은 결코 유한하지 않다'는 것이다. 옛날에는 방송 사업을 하려면 막대한 설비와 인력을 갖추어야 했다. 그러나 이 디지털 시대에는 그런 번거로운 것은 아무 것도 필요 없다. 누구든지, 카메라와 녹음 장비를 들고 나서기만 하면, 전 세계를 향하여 방송을 할 수 있다. 'you tube' 채널을 생각해 보자. 녹음과 녹화를 해 놓고는, 유튜브 채널을 찾아가면, 언제든지, 무엇이든지, 그 내용을 올릴 수 있다.

그런데 왜 우리의 야당은 KBS 사장의 임명에 참여하고, 나아가서, MBC 사장의 임명에 실질적인 거부권을 가져야 하느냐. 이것이 시대에 맞는 발상이냐. 이것이 문제이다. 더군다나 남북관계가 이토록 긴박하고, 국제사회가 북한을 향하여 고강도의 제제를 결의한 마당에 국내에 앉아서 한가롭게 방송 사장 타령이나 하고 있을 때이냐. 이런 태도로 앞으로 선거에 나가면 야당은 과연 집권당이 될 수 있겠느냐, 이것이 문제이다.

사실, 지금의 야당세력은 장기간에 걸쳐, 우리나라 방송을 완전히 장악했던 경험이 있다. 그 결과, 방송은 국민으로부터 완전히 신뢰를 잃었다. '방송 망국론'이 나오기도 했다. 그런 곡절이 있었기 때문에, 이번 대선에서 패배했다. 당신들은 방송장악의 책임을 진 것이다. 이런 과오를 되풀이 할 작정이냐.

또 한편으로, 여당에게도 묻고 싶다. 그대들은 무슨 자신이 있어, 원내 과반수면 의안을 통과시킬 수 있던 국회법을 고쳐, 60%의 찬성이 있어야 의안이 통과되도록 고쳤느냐. 지금, 이 조항에 걸려, 과반수 의석을 갖고도 여당 단독으로는 정부조직법을 개정할 수 없게 만들어 놓은 것은 여당 자신이라니, 당신들이 과연 정치를 해 본 사람들이냐. 인신공격 같지만, 나는 여당의 대표 황우여 라는 사람을 늘 우려스럽게 바라보고 있다.

정치판에서 개입을 하지 않더라도, KBS 사장은 할 일이 너무나 많다. MBC 사장도 하루빨리 제자리로 돌아가야 한다. 공연히 방송을 놓고, 헛소리를 하지 말라. 방송이 국내정치에 휘둘리면, 국민의 시야는 좁아지고, 결국, 나라는 망한다. 이것은 나의 간곡한 경고이다.

항간에서는, 방송사 사장들이 주지육림 속에 파묻혀 살면서, 황
제 같은 호화생활이나 하고 있는 것으로 오해하고 있다지만, 당신
도 해보시오. 그 자리는, 결코, 그런 자리가 아니다.

'대춘부'

우수도
경칩도
머 언 날씨에

그렇게 차가운 계절인데도
봄은 우리 고운 핏줄을 타고 오고
호흡은 가빠도 이토록 뜨거운가?

손에 손을 쥐고
볼에 볼을 문지르고
의지한 채 체온을 길이 간직하고픈 것은

꽃 피는 봄을 기다리는 탓이리라

산은
산대로 첩첩 쌓이고
물은 물대로 모여 가듯이

나무는 나무끼리
짐승은 짐승끼리

우리도 우리끼리
봄을 기다리며 살아가는 것이다

이것은 신석정의 시 '대춘부'이다.

이번 겨울은 유난히 추웠다. 눈도 많이 왔다. 그러므로 봄이 더 기다려질 수밖에 없었다. 날씨보다도 더 우리를 춥게 하고, 우리를 우울하게 한 것은, 북핵을 둘러싼 극한적인 남북 대치상황과 유엔 안보리를 통한 가장 강력한 국제적 북한제재 조치였다. 나도 평화를 원하고, 대화를 원한다. 그러나 그전처럼, 대화는 흐지부지 시작될 것이 아니라, 먼저, 북을 확실하게 치고 난 다음에, 시작되어야 한다고 생각하는 사람이다.

이번 안보리 제재의 특징은, 북한의 외교관이라는 사람들에 대한 외교특권의 박탈이다. 북은 그동안 외교관 신분을 위장하여, 외교행랑을 이용해서 수백만 달러 씩의 현금을 가지고 다닐 수 있었다. 핵 개발에 사용될 물자도 이것을 통해 운반할 수 있었다. 그러나 앞으로는 이 길이 막히게 되었다. 앞으로는 북한으로 가는 다른 나라의 외교관들도 검색을 의무적으로 받을 수밖에 없게 되었기 때문이다.

더욱 곤란해진 것은, 그들의 유일한 배후였던 중국이, 이번 제재에 찬성하고, 적극적인 시행을 다짐하고 있다는 사실이다. 중국은 거듭되는 북한의 망동 때문에 그들의 국제적 위신이 많이 손상된 데 화가 난 것 같다. 사실, 중국이 적극 동참하지 않는 한 대북제재는 소기의 실효성을 발휘할 수가 없는 것이었다.

이제, 북한은 심각한 기로에 서 있다. 죽기 살기로 남한을 치고 나올 것이냐, 아니면, 흐지부지 꼬리를 내리고, 최소한이라도 자기 정권의 존립을 유지할 것이냐, 양자택일을 해야 한다. 한국군은 일선부대에 대하여 '먼저 치고 난 다음, 보고는 나중에 하라'고 명령해 놓고 있다. 이것을 가볍게 보아 넘겨서는 안 된다. 우수와 경칩도 지나고, 봄은 가까이 와 있지만, 아직은, 봄이 우리의 몸과 마음을 따뜻하게 녹이기는 이른 것 같다.

미국이 북한의 핵에 대해서 대응책을 검토하기 시작한 것은 어제 오늘의 일이 아니다. 미국은 이른바 '6자 회담'도 해 보고, 별별 방법을 다 강구했으나, 시대에 뒤떨어진 낡은 생각밖에 할 줄을 모르는 그들과는 더 이상 다른 방법이 없다는 것을 깨닫고 이번 유엔 안보리 결의를 통한 가장 강한 제재를 주도하게 된 것이다.

지금 핵무기는 무기이기는 하되 실제로 쓸 수는 없는 무기로 전락했다. 이것을 모르고, 북이 그들의 '과학 기술 일꾼'이 거둔 쾌거인 것처럼 떠들고, 이제, 그들이 열망했던, 이른바 '강성 대국'이 이루어진 것처럼 선전하고 있는 것은 뜬 구름 잡는 망발이다.

무엇 때문에, 인민은커녕, 군인들에게도 밥을 제대로 못 먹이면서, 핵폭탄 보유에만 전념하느냐. 세계가 그들의 사정을 모를 줄 안다면 이것은 웃음거리다. 전쟁은, 기실, 경제력의 싸움이다. 나날이 전보해가는 대포 알 한방이 얼마짜리이냐. 곡간이 텅텅 비었는데 전쟁을 할 능력이 어디서 나오느냐.

나는 미국의 오바마 대통령이 미국 역사상 가장 위대한 대통령이라고 생각한다. 그가 처음으로 대통령이 된 직후, 체코의 수도 프라하에서 행한 연설을 높이 평가한다. 2009년 4월 5일, 프라하의 흐라차니 광장에 모인, 2만 여명의 청중 앞에 선 미국의 제44대 대통령 바락 오바마는 역사적인 연설을 했다. '미국은 핵을 쓴 유일한 핵보유국으로 행동할 도의적 책임이 있다. 핵무기 없는, 평화롭고 안전한 세계를 미국이 추구해 나간다는 것을 명확히 선언한다.'

제2차 세계대전과 동서냉전, 그리고, 포스트 냉전시대를 지내오는 동안 핵보유대국의 지위에서 물러서지 않던 미국. 그 최고위에 있는 정치지도자로서, 오바마는 처음으로 직접 자기 입을 통해, 위대한 목표를 천명한 것이다. 그리고, 핵 폐기를 위한 구체적인 방법을 제시했다.

21세기인 지금까지 세계를 양분하는 핵 대국인 미국과 러시아가 전략 핵 무기의 군축교섭을 추진한다. 그런 다음, 지구상에서 핵 실험을 하는 새로운 핵보유국이 나오지 않도록 미국이 '포괄적 핵 실험금지조약'(CTBT) 을 비준한다. 나아가서, '핵확산 방지조약' (NPT) 체제를 강화해서, 핵 관련 물질의 안전을 확보한다. 이것은 러시아와 중국, 영국, 그리고, 프랑스라는 핵보유 5개국(P5)과 그 밖의 핵무기 보유국에 대한 메시지이기도 했다. 핵을 둘러싼 냉전적 사고에 종지부를 찍기 위해, 먼저, 미국이 자국의 안전보장전략에 있어서의 핵무기 역할을 감축하고, 같은 행동을 다른 나라에도 요청한 것이었다. 미국과 러시아가 핵군축을 단행함으로써 일어날 국제여론의 지원을 받아, 다른 핵보유국에도 군축 바람을 일으키겠다는 의도였다.

이 연설을 마무리 지으면서, 오바마 대통령은, 핵안전보장에 관한 최초의 세계정상회담을 1년안에 개최하겠다고 말했다. 이러한 야심적인 외교목표를 듣고 흥분하는 사람들 앞에서, 그는 독특한 그의 어법으로 스스로의 연설을 매듭지었다.

'세상은 달라지지 않는다고 말하는 사람들의 소리에는 귀를 기울이지 말고, Yes, we can. 이라고 말합시다.'

그러나, 오바마의 이 연설에 대한 반응은 냉랭했다. 미국 국내에서도, '핵에 대한 환상주의자'라는 논평이 월스트리트 저널에서 나왔다. 많은 워싱턴 정보통들은 '잠꼬대'라고 혹평했다. '현실을 모르는 나이브한 이상론'이라는 것이었다. 핵을 둘러싼 현실을 무시하고, 핵무기를 필요악으로 생각하는 사람들을 설득하기는 어렵다는 얘기였다. 중국 공산당 기관지 인민일보가 발행하는 시사 정보지도, '이것이야말로 공상'이라고 평가했다.

오바마 자신도 이 연설 가운데서 이렇게 말했다. '내가 살아있는 동안에는 불가능할지도 모른다'고.

그렇다면, 핵무기는, 정말, 이 지구상에서 당장에라도 없어질 수 있는 것이냐. 아마도 그 답은 No 일 것이다. 그렇다면, 핵 폐기는 영원히 불가능한 것이냐. 이 물음에도, 확실한 답은 없다. 그러나 가장 확실한 답은 '핵무기는 사용할 수 없는 무기'라는 것이다. 만일, 앞으로, 이것을 사용하는 나라가 있다면, 그 나라는 인류공동의 적으로 간주되고, 즉각, 괴멸적인 응징을 받을 것이다.

심지어, 원자력 발전소도 가동을 중단하자는 움직임이 각국에서 일어나고 있다. 아무리 기술대국이라도 실수가 있을 수 있고, 만일, 원자력 발전소에서 사고가 발생한다면 이를 막을 방법이 없다는 것이다. 자타가 공인하는 기술대국인 독일은 일본의 후쿠시마 원전 사고에 놀라, 오는 2022년을 기하여, 자국의 원자력 발전소를 모두 폐쇄하기로 결정했다. 따라서 북한 같은 기술 후진국에서 함부로 핵을 다루어서는 안 되는 것은 두 말할 필요도 없다.

지금 평양거리에는 그물을 씌운 버스가 다닌다고 한다. 원거리에서 식별이 안 되도록 위장을 했다는 얘기다. 그토록 겁이 나는 일을 왜 저지르고 있느냐. 반면, 우리 측은 지극히 평온무사하다. 나의 휴대전화에는 여전히 은행에서 대출을 받으라는 전화가 걸려오고, 해외명품 가게에는 쇼핑객들이 줄을 서고 있다. 신문에는 부동산 경기가 살아나고 있다는 기사가 실리고 있다. 대피소가 어딘지도 모르고 산다. 이런 평온은 어디서 연유한 것이냐? 싸움이 붙더라도 피아의 전력 차이가 너무나 크다는 것을 알기 때문이다. 으르렁 대기만 할 것이 아니라, 실제로 붙어보자. 핵폭탄이 아니라도, 그들의 도발에 대응할 방법을 얼마든지 있다.

지금 우리의 적은 대한민국 안에 있다. 북의 도발에는 입을 다물고, 한―미 군사 훈련이 전쟁을 부른다며, 미 대사관 앞에서 데모를 벌이고 있는, 철부지, 종북 좌파들이 그것이다. 그리고, 여당이 원내 과반수 의석을 가지고도, 의안을 국회에서 통과시키지 못하게, 이른바 '국회선진화법'을 만들어 놓은, 정치적 미성숙자들인 여당의 간부들이다.

그러하다면 우리는 앞으로 어떤 조치를 취하여야 할 것이냐. 이 것은, 누구보다도 일의 책임을 맡고 있는, 당로자들이 더 잘 알 것이다. 나는 다만, 한 가지 점만을 강조하고 싶다. 지금은 국가의 존망이 걸린 '비상사태'이다.

나는 우리에게도 반드시 봄이 온다는 것을 믿는다. 꽃망울은 여름에 맺어진다. 나뭇가지에 매달린 채 긴 휴면기간을 지나지만, 혹독한 겨울이 오면, 그때야 비로소 망울은 잠에서 깨어난다. 그리고는 나날이 부풀다가 드디어 꽃을 피운다. 지금은 '대춘부'의 계절이다.

'무소속의 시간' 그 특전

　지금, 예사로, '백세 시대'라는 말이 인구에 회자되고 있지만, 그것은 아직 아닌 것 같다. 그러나 확실히 '인생 80세 시대'에는 도달된 것 같다. 내 주변을 둘러봐도, 대략 80세까지는 살고 있는 사람이 흔한 것 같고, 얼마 안가 90세까지는 사는 시대가 될 것 같다. 대략, 60세 전후에 정년을 맞이한다고 한다면, 우리는 적어도 20년, 많으면 30년 가까운 '무소속의 시간'을 보내게 되어 있다. 이 긴 시간을 어떻게 보낼 것이냐는 것이 오늘날의 사회적 과제이다.

　술을 좋아하는 사람이라면, 마음 맞는 사람끼리 모여앉아, 부담 없는 담소를 즐길 수도 있을 것이고, 나라건설에 이바지했던 과거사를 회고하며, 요즘의 느슨한 사회분위기를 개탄하며 시간을 보낼 수도 있을 것이다.

　그러나, 체질적으로 술을 못 하는 나로서는 그것도 불가능하다. 그렇기 때문에, 비가 오나 눈이 오나 첫새벽에 집을 나와, 독서실로 와서는, 남들은 모두 이미 오래전에 끊은 담배나 피우고, 몸에 나쁘다고 남들이 안 하고 있는 커피나 마시면서 독서를 하거나, 그것도 지치면, 멍청히 앉아서 하염없는 망상이나 즐기고 있다. 그러면서, 느끼고 있다. 젊었을 때는 젊어서 좋았고, 늙어서는 늙어서 즐겁다고.

무엇보다도, 반드시 해야 할 일이 없어서 좋다. 젊어서는 하기 싫어도 해야 할 일이 많았고, 만나기 싫은 사람도 안 만날 수 없어서 만났다. 그러나 지금은 그런 부담이 없다. 책을 읽어도, 꼭 읽을 필요가 있어서 읽는 것이 아니라, 읽고 싶어서 읽는다. 하기 싫은 말은 안 하면 되고, 만나기 싫은 사람은 안 만나도 된다. 모임에 나오라는 사람도 많고, 놀러오라고 하는 사람도 많다. 그러나 그런 것은 다 번거로운 일이다. 되도록, 이미 일상화된 내 생활 리듬을 흐트러뜨리지 않고 사는 것이 즐겁다.

이런 자세로 세상사를 바라보고 있노라면, 보이는 것도 많다. 이번 일은 이리하여 일어난 일이 아닌가, 하고 있으면, 그렇다는 것이 드러난다. 그 사람이 왜 저런 말을 하고 있는 것이냐, 라고 생각하고 있으면, 그런 말을 한 동기가 밝혀진다. 심지어는, 이 사람은 요즘 어떻게 지내고 있을까, 하고 생각하고 있으면, 그 사람으로부터 전화가 걸려오기도 한다. 이런 것을 이심전심이라고 했던가, 하고, 신기하게 생각될 때도 있다.

남들만 잘 보이는 것이 아니라, 나 자신도 잘 보인다. 바빠서 잘 안보이던 나 자신이 잘 보인다. 언제나 나 자신은 정당했다고 생각했던 부분도, 그 때 잘못했다고 느낄 때도 많다. 혼자서 부끄러울 때도 많다. 이것은 나로서는 참으로 위대한 발견이다. '무소속의 시간'이 나에게 가져다준 최대의 선물이다.

사람은 누구나 혼자 태어나서 혼자 죽는다. 사는 동안, 남이야 알아주든 안 알아주든 간에, 옳은 일, 남에게 도움이 되는 일만 하다가 죽는 사람도 있고, 남에게 해가 되는 일만 골라가며 하다가 죽는 사람도 있다. 아무리 사랑하던 사람도 같이 죽을 수는 없다. 갈 때는 혼자서 간다. 되도록 남에게 해가 되는 일은 하지 않고 있다가 가기를 원할 뿐이다. 왜, 한번밖에 없는 이 소중한 인생을 남에게 해가 되는 일이나 하고, 해가 되는 헛소리나 하다가 죽을 것이냐.

조직을 위해 정당하다고 여기던 일들도 지내놓고 보면, 자기 자신이 한 일로 혼자서 다 책임을 져야 한다. 늙으면 누구나 혼자서 다니게 된다. 조직은 그 때까지 따라다니지는 않는다. 그러므로 혼자서 걸어가다가 남들로부터 손가락질을 안 당할 처신을 할 필요가 있다.

고요히 생각하니, 지금 가장 죽을 맛인 것은 북의 김정은이다. 체제를 강화할 목적인지는 모르지만, 전 세계가 반대하는 시대착오적인 핵실험을 강행하고, 미사일 발사연습을 감행하면서, 여러 겹으로 선을 그어놓고는, 여기까지 넘어오면, 전쟁을 일으키겠다고 우리를 위협하고 있지만, 우리가 그 선을 넘고 또 넘어도, 아무 짓도 못 하고 있다. 이렇게 되면, 수렁에 빠지는 것은 오직 그 한 사람뿐이다. 위신을 세우려다가, 오히려 위신을 떨어뜨리고 제 물에 넘어지게 되어 있는 사람은 오로지 그 한 사람뿐이다. 우리는 그의 속을 다 들여다보고 있다.

그는 안 해도 될 말들을 너무 많이 해 놓았기 때문에, 흐지부지 물러설 수도 없게 되어 있다. 우리의 언론도 이제부터는 그의 시시콜콜한 동정을 미주알고주알 그리 자세히 보도할 필요가 없다고 생각한다. 우리 언론이 그들의 대변기관이냐?

정장을 하고 나설 일도 없다. 나는 넥타이를 묶어본지도 오래 됐다. 반 공식적인 모임에도 안 나가고, 가끔 자녀의 결혼식 주례를 부탁하는 분이 있어도, 나는 말한다. 내가 넥타이를 매는 일, 사진을 찍히는 일을 범보다 무서워 한다는 것을 모르느냐. 그런 중대한 일은 다른 적당한 분에게 부탁하라. 길을 가다가 아는 사람을 만나도, 나는 되도록 모른 체 하고 지나간다. 아마도 그분들은 나의 정장차림만 알지, 이런 편한 차림에는 익숙지 않은 것 같다.

가끔 어머니 생각이 날 때도 있다. 어머니는 나를 무조건적으로 좋아했다. '현태는 뒤 꼭지가 예쁘다', 고도 했다. 나는 한 번도 내 뒤 꼭지가 어떻게 생겼는지를 본 일이 없다. 내가 무슨 재주로 내 뒤 꼭지를 볼 수 있겠는가. 그리고, 어머니 이외에, 내 뒤 꼭지가 어떻다고 말할 사람도 없었다. 그래서, 나는 어머니 생각만 나면, 내 뒤 꼭지 생각부터 하게 된다.

이러면서, 거듭 생각나는 것은, '대한민국은, 참으로, 요지경 속'이다, 라는 느낌이다. 애국적인 일을 하고, 생각을 하는 사람은 존재가 없고, 아무 도움이 안 되는 헛소리를 하는 사람은 존경을 받는다. 일을 하면 곤욕을 치르고, 안 한 사람은 신념이 있는 사람인 것처럼 인식된다. 삐딱한 소리나 하고 있는 사람은 지도자로 존경받는다. 늘 위태위태하면서도 나라는 어찌어찌 잘 되어 간다. 이것이 요지경 속이 아니고 무엇이겠는가.

운이 좋아서 그렇게 된 것이라고 할 수도 있겠지만 나는 그렇게만 생각하지는 않는다. 너무 통속적인 비유가 될지 모르지만, 박정희 대통령이 나라의 기틀을 잘 다져놓았기 때문에, 이제는, 웬만한 실수가 있어도, 잘 굴러가게 되어 있어서 그렇다고 생각한다. 5, 60년 전에 유죄판결을 받은 사건을 가지고, 지금 재심을 청구해서 무죄를 받았다고 좋아하는 사람이 있지만, 나는 이 지구상에 만고불변의 진리는 없다고 생각한다. 그 때 유죄라면 유죄이고, 무죄라면 무죄이다. 그때는 그때의 잣대가 있고, 지금은 지금의 잣대가 있다고 생각한다.

한때, '헌법제정권력'에 관한 논쟁이 있었지만, 반란을 일으켰으나, 정권을 잡는 데 실패한 주체는 헌법제정권력이 될 수 없다는 것은 법 이론상 명백한 일이다.

'개가 사람을 물었다고 한다면 뉴스가 안 되고, 사람이 개를 물었다고 하면 뉴스가 된다', 는 말이 있다. 이것은 웬만한 언론학 교과서에는 다 나와 있는 얘기이다. 따라서 정당한 것은 기사가 안 되고, 삐딱한 것은 뉴스가 되는지 모를 일이다. 그렇다면, 요즘, 삐딱한 사람이 화제가 되는 것은, 삐딱한 것은 극히 예외적인 일이고, 그것보다는 몇 배, 몇 십 배, 건전한 사람이 더 많다는 증명이 될 것 같기도 하다.

또 이런 생각도 해본다. 우리는 우리를 단일 민족이라고 주장하고 있으나, 과연 그것이 사실이냐, 라는 생각이다. 우리는 반도에 자리 잡아 수 천 년을 살아왔다. 이 동안, 북방계와 남방계 세력으로부터 수 없이 침범을 당해 왔다. 그러면서 수도 없이 혼혈이 거듭되었을 것이다. 그리하여 가장 우수한 종자들이 살아남았다. 우리의 피 속에는, 한때, 잠복해 있던 그 우수한 DNA가 살아 움직이기 시작했다고 생각되기도 한다.

어쨌든, 만물에는 다 때가 있다. '주마가편'이라는 말도 있고, '쇠도 단김에 두드려야 한다'는 말도 있다. 때를 놓치면 될 일도 안되고, 때를 만나면 안 될 일도 되는 것이다. 지금은 민족사의 중대한 분수령이다.

지금, 그 사람을 두고 이러니저러니 말들이 많지만 나는 결과적으로, 박근혜 대통령이 우리 역사에 길이 남을 위대한 대통령이 된다고 확신한다. 왜 그런가. 그는 온 나라가 종북 좌파세력의 수렁에 빠져버린 것 같은 시절에도 용케도 신념을 지켰고, 김정은 일파가 그 뒤에 해대는 짓거리가 하도 같잖기 때문에, 그가 웬만한 실수를 하지 않는 한, 통일의 기반을 확실히 다진 대통령으로 남을 가능성이 그만큼 커졌기 때문이다.

사람은, 그 능력이나 업적보다는 무엇보다도 시기를 잘 타고나야 큰일을 할 수 있다고 생각한다. 그런 각도로 보건데, 그는 확실히 다른 대통령보다는 좋은 시기에 대통령이 된 사람이라고 믿게 된다.

이제, 대북 대화노선이나 퍼주기가 아니면 애국이 아닌 것처럼 믿는 듯 했던 야당도 안보를 도외시하고는 정당역할을 제대로 수행할 수 없다는 것을 깨달은 것 같고, 종북 좌파적 색깔로 일색화됐던 학계서도 우파적 사관의 확립을 위해 일어선 학자들이 나서게 되었다. 세상은 확실히 변해가고 있다.

따라서, 나도, 그동안 내 나름대로 심혈을 기울여 왔던, 북한 연구도, 애국도 다 내려놓을 때가 된 것 같다. 이제부터는, 한 사람의 노인, 한 사람의 범부로 돌아가, 편안한 자세로 사태의 추이를 지켜볼 작정이다.

　어제는 집에 들어갔더니, 아내가 무슨 문서 한 장을 읽어보라고 했다. 안경을 끼고 들여다보니, 그것은 '사전 의료 지시서'라는 것이었다. '내가 의식이 없는 상태가 되더라도 기도 삽관이나 기관지 절개술 및 인공 기계호흡 치료법은 시행하지 말 것이며, 내게 암성 질환에 대한 항암 화학요법이 필요하다는 의료진의 판단이 있더라도 항암 화학요법은 시행하지 말 것' 등을 부탁하는 내용이었다. 요컨대, 죽을 때가 되면, 조용히 죽도록 내버려둬 달라는 말이었다. 전적으로 동감이다. 나는 월요일이 되기를 기다려서, 이 문서를 작성, 공증을 받은 다음, 이를 가족에게 맡길 작정이다.

　이밖에도, 그동안 나는 되도록 내 이름이 올라있는 단체들에 대하여 내 이름을 빼 달라고 부탁해 놓고 있다.

　앞으로는, 모처럼 찾아온 '무소속의 시간'을 한껏 즐길 생각이다.

일본 '천황'은 '일왕'인가

　나는 일본의 NHK-TV을 자주 보는 편이다. 그러다가, 작년 연말에는 이 텔레비전을 통해 참으로 기이한 장면을 내 눈으로 직접 보고는 참으로 놀랐다.

　그것은 일본의 하원 격인 중의원이 해산을 결의하는 장면이었다. 의장이, 짤막한 천황의 '해산' 명령서 낭독을 끝내자, 의석에서는 누구의 선창도 없이 일제히, '만세 삼창'이 일어났다. 여야 의원들은 한결같이, 대단히 즐겁다는 듯 이 기이한 행사에 동참하고 있었다.

　과연, 국회 해산이 즐겁기만 한 일일까. 국회의원들에게는 선거란 범을 만나는 것보다 더 무서운 사건이다. 따라서 국회해산이라는 것이 결코 즐거운 일일 수는 없는 일이다. 아무리 선거구가 튼튼한 국회의원이라 하더라도, 재선거를 실시하면 꼭 다시 당선된다는 보장이 없다. 다시 국회의원으로 당선되어 그 자리에 돌아올 수 있을지가 의문이다. 그런데도 즐거워 죽겠다는 듯이 만세삼창을 하고, 박수를 쳤다. 실로, 괴이한 장면이라 아니 할 수 없었다.

　사실, 그 뒤의 선거를 통해, 여당이던 민주당 쪽에서는 전직 수상을 포함한 다수의 중진 의원들이 낙선의 고배를 마셨고, 정권은 야당이던 자유민주당으로 넘어갔다. 그렇다면 그들은 왜 박수를 치고 만세삼창을 한 것일까. 또, 중의원 해산권은 현직 수상의 전권 사항이었다. 그런데도 불구하고 천황의 해산 명령서 낭독은 왜 필요했던가. 일본과 일본의 정치에 관한 약간의 지식을 가졌다는 나로서도, 전혀, 이해가 안 되는 광경이었다.

이 충격 때문에, 나는 내가 젊었을 때 읽었던, 일본에서는 꽤 유명한, 한 논설을 다시 찾아볼 생각이 났다. 그것은 '타락론'이라는 제목의 것이었다.

'반년동안에 세상은 변했다. 천황폐하의 방패를 자처하는 나는 천황의 슬하에서 웃으며 죽겠고, 결코 뒤돌아보지는 않으리. 이와 같이, 젊은이들은 꽃으로 졌지만, 같은 그들이 살아남아 암시장의 장사꾼이 되었다. 백년의 목숨을 원하지는 않으리, 언젠가는 천황의 방패로 사라질 그대와 맺어지고…… 이렇게 용감하게 배필을 보낸 아낙들도, 반년의 세월이 지나자, 부군의 위패 앞에 엎드리는 일도 사무적인 행사로 변하고, 얼마 안 가, 죽은 낭군과는 다른 새 모습을 가슴에 품어 안을 날이 머지 않았다. 인간이 변한 것이 아니다. 인간은 본디 그런 것이고, 변한 것은 세상의 거죽뿐이다……'

타락론은 이렇게 시작된다. 내 번역이 시원찮아 그렇지, 이것은 실로 명문장이었다. 이 논설은, 우리로 치면, 해방 다음해인, 1946년 4월, 당시 마흔 살이었던 괴짜 문인 사카구치 앙고(1906~1955)가 한 잡지에 발표한 작품이었다.

그는 계속해서 쓰고 있다. '이 전쟁을 일으킨 자는 누구인가. 마지막 수상을 한 '도조'인가. 군부인가. 그렇기도 하지만, 그러나, 또한, 일본을 관통하는 거대한 생물, 역사의 어쩔 수 없는 의지였다고 할 수도 있다. 일본 사람들은 역사 앞에서는 그저 운명에 유순한 어린 아이에 불과했다. (중략) 그렇다면, 어떤 사람이 전쟁의 근원이었던 무사도를 안출했는가. 이것도 역시 역사의 독창이거나 또는 후각이었을 것이다. 무사도는 인성과 본능에 대한 금지조항이기 때문에 비인간적 반 인성적인 것이지만, 동시에, 그 인성이나 본능에 대한 통찰의 결과이기 때문에 오히려 전적으로 인간적인 것이다.'

내가 특히 이 논설을 여태껏 기억하는 이유는 곧 이어 전개되고 있는 천황의 본질론 때문이었다.

'나는 천황제에 관해서도 극히 일본적인 (따라서, 혹은 독창적인) 정치적 작품성을 본다. 천황제는 천황에 의해 만들어진 것이 아니다. 천황은 때로는 스스로 음모를 일으킨 일이 있었지만, 대체로 아무 일도 하지 않았으며, 그런 음모는 언제나 성공한 일이 없고, 천황은 귀양을 가거나, 스스로 깊은 산골짜기에 숨거나 하는 결과를 낳았고, 그래서 결국은, 언제나 정치적 이유에 의하여 다른 무리들로부터 그 존립을 인정받아 왔던 것이다.'

나는 해방 당시 소학교 6학년이었다. 따라서 이 타락론도 그 당시에는 나에게 이것을 읽을 실력도 없었거니와 그 존재 자체를 알지도 못했다. 이것을 읽은 것은, 아마도, 내가 대학생이 된 다음이었을 것이다. 내가 소학교 학생이었을 때는 학교마다 이른바 '봉안전'이라는 것이 있었다. 행사 때마다, 정장을 한 교장이, 흰 장갑을 끼고, 이 봉안전에 들어가, 까만 소반 위에 어떤 문서를 머리 위에까지 받쳐 들고 나와, 엄숙한 표정과 목소리로 '교육칙어'라는 것을 낭독했다. 봉안전은 천황과 황후의 사진과 교육칙어를 받들어 모시는 특별한 집이었다. 천황의 이름을 부를 때는, 먼저, 교장 자신이 차렷 자세를 취한 다음, 한층 큰 목소리로 '황공하옵게도……'라고 서두를 꺼내면, 단상단하의 모든 사람들도 일제히 차렷 자세를 취하고 다음 말을 기다렸다.

요컨대, 교육도, 전쟁도, 다, 천황의 명령에 의하여 실시되는 것으로 알고 있었다. 이것이 다 허구였다니, 사카구치 앙고의 글을 읽고 놀라지 않을 사람이 없었던 것이다.

일본은 천 여년 동안 무인정치를 해내려왔다. 전국을 지배하게 된 '막부'의 역대수장들은 자기가 자기 이름으로 직접 호령을 하기보다는, 천황이 호령하는 것으로 위장하고, 자기 스스로가 맨 먼저 이에 적극 복종하는 자세를 취하는 것이, 통치에 더욱 효과적이라는 것을 깨달았던 것이다. 그래서, 무력한 천황은 천황대로 그대로 두고, 자기는 천황으로부터 이른바 '정이대장군'(오랑캐를 다스리는 장군의 우두머리) 으로 임명되었다고 주장하면서, 기실, 정치의 전권을 행사했던 것이다. 이것은 일본사람이면 누구나 다 아는 사실이었지만, 아무도 그 허구성을 입으로는 말하지 않고 지내왔을 뿐이었다.

'막부' 정치가 끝나고, 이른바 '명치유신' 으로 '천황의 친정체제'가 확립되었다고 떠들었으나, 이런 체질은 달라지지 않았다. 유신 이후의 정치를 주도한 군부도, 국민들 앞에서는 천황을 지극정성으로 모시는 태도를 취하였지만, 실지에 있어서는, 아무도 천황의 명령을 기다리지는 않았다. 천황은 다만 의전용이었다. 일본 군부는 누구보다도 천황을 높이 받드는 척 했지만, 진실로 천황을 받들지도 않았고, 제대로 보고조차 하지 않았다. 천황의 이름을 빌린 것은 반대파의 비판을 제압하기 위한 수단이었다. 그러나 일반 국민으로 보면 여전히 천황은 최고군주요, 신화적인 신앙의 상징이었다.

근래에는 '막부'라는 말도 도쿠가와 시대에는 없었고, 그 무렵에는 '조정' 또는 '공의'라고 지칭했다는 연구결과가 나오고 있다. '도쿠가와 막부'라는 말은 명치유신 이후에 신군부가 만들어낸 용어였다는 것이다. '조정'이란 무엇인가. 군주가 정치를 의논하고 결정하는 곳이라는 뜻이 아니던가. 역대의 도쿠가와 장군은 그들 자신이 왕이었고, 그들의 본부였던 '에도' 성이 바로 '조정'이었던 것이다. '막부'라는 말은 정치의 중심이라는 뉘앙스보다는, 전장에 가설된 하나의 천막, 하나의 야전군 사령부라는 느낌이 더 강한 용어이다.

어쨌든, 많은 일본 사람들이 다 알고는 있었으나, 아무도 입으로는 드러내 놓고 말하지 않고 있던 사실을 처음으로 말했다는 점에서 타락론의 필자는 위대한 사람이었다.

그런데도 불구하고, 21세기에 접어든 지금도, 중의원 해산에 천황의 해산 명령이 낭독되고, 여야의원들이 일제히 환호하며, 황공하다는 듯, 만세삼창을 부르는 장면을 목격하고, 내가 놀란 것은, 지극히 당연한 일이 아닌가 한다.

이명박 대통령이 한국 대통령으로는 처음으로 독도를 찾아갔다는 것도 간단한 일이 아니었지만, 이에 덧붙여, 일본 천황이 앞으로 한국에 오려면, 역사에 대한 사과부터 해야 한다고 한 말은 우리로서는 매우 당연한 요구이겠지만, 일본으로서는 크게 충격적인 발언이라는 것을 짐작하기에 별로 어려움이 없다.

따라서, 우리는 앞으로 '천황'을 '일왕'으로 부를 것인가, 말 것인가를 심사숙고해야 할 것 같다. 외교를 하려면 상대국의 역사와 상대국 국민의 정서를 깊이 이해하는 것이 필요하다. 따라서, 앞으로 양국 간에 불필요한 마찰을 피하려면, 꼭 필요한 경우를 제하고는 천황에 관한 언급은 되도록 피하는 것이 옳다.

우리의 소원은 통일?

한동안, '우리의 소원은 통일, 꿈에도 소원은 통일……'이라고 읊조리며, 정체불명의 한반도기를 흔들어대던 사람들이 판을 치는 것 같은 세상이 있었지만, 지금 그 사람들은 자취를 감추었다. 도대체, 그들은 어디로 갔는가. 김정일을 '국방위원장'이라고 부르던 시대도 있었지만, 김정일은, 과연 어느 나라 국방위원장이었던가.

김정일의 후계자로 등장한 김정은 일파가, 핵탄두 보유국가로 인정받기 위해 전 세계인 앞에서 초강수를 두고 있는 형국을 당면하고도, 여전히, 그와 같은 얼빠진 넋두리를 계속한다면, 그들은 아마도, 정신병자라는 것을 스스로 인정하는 결과가 되고 말 것이다. 그렇기 때문에 그들은 지금 역사의 뒤 안으로 숨어들어가, 숨을 죽이고 사태의 추이를 지켜보고 있을 것이다.

그들은 자신들을 진보사상의 보지자로 자처하고 있을지 모르지만 세상물정을 전혀 모르면서 진보를 운위한 것은 크나큰 실수였다. 내가 보기에 그들은 진보가 아니라 퇴보주의자였다. 만약, 그들이 이미 때는 늦었지만, 이것을 깨닫고 있다면 그나마 다행이지만, 여전히 종전처럼 그들의 신념을 바꾸지 않고 있다면 그들은 허상을 쫓는 일개 망상가일 것이다.

어느 나라에도 문제는 다 있다. 그러나 그들이 그 문제를 해결하는 방법으로 종북의 길을 택했다면 그것은 망상이 아니고 다른 무엇이겠는가. 과연, 북이 우리가 지향할 교과서가 될 수 있는가. 이에 대한 양심적인 성찰이 있어야 했다.

그런데도 불구하고, 아직 그들이 앓고 있는 병은 여전히 치유되지 않고 있다는 증거가 나타나고 있다. 민주당의 비상 대책위원장이라는 사람이 그 대표적인 사람이다. 그는 빨리 대북 특사를 파견해야 한다고 주장했다. 그러면서, 카터 전 미국대통령, 클린턴 전 미국대통령, 그리고, 자신의 소속 정파인 박지원 의원과 문성근 전 민주당 최고위원을 특사 감으로 추천했다.

우리나라의 특사라면 우리 대통령이 선정해야 할 것인데, 카터, 클린턴 전 미국 대통령을 특사로 보낸다면, 그것은 미국 대통령의 특사냐, 대한민국의 특사냐. 한국 대통령의 특사로 박지원, 문성근이 적당하냐? 이런 것을 따져보고 하는 얘기인지, 그저 심심파적으로 농담 삼아 해본 소리인지, 그 발언의 진실성이 의심된다. 듣건데, 그분은 노무현 전 대통령 노선의 신봉자라 하던데, 그렇다면, 이분은 아직도 노무현 노선의 범위를 벗어나지 못하고 있다고 할 수밖에 없다.

또, 만약 특사를 보낸다면, 가서, 무슨 말을 해야 할 것인가. '왜 이러십니까, 돈이면 돈, 쌀이면 쌀, 다 드릴 테니 노염을 푸시고, 진정하십시오, 할 것인가.' 특사를 보내야 한다고 한 사람이, 그 내용부터 먼저 밝혀야 할 것이다.

북은 지금 저들이 스스로 만들어낸 국면을 수습하지 못해 속앓이를 하고 있다. 그들의 방송을 들으면, 아무 일도 없는데 갑자기 공습경보를 울리기도 하고, 버스에 그물을 씌워가지고 다니며 전쟁위험을 고취하기도 한다. 그들은 그들의 국민들에게 '지금은 매우 어려운 시기이니, 모두 참고, 정부의 하는 일에 협조하라'고 요구하고 있는 형국이다.

미국에 대해, 실행하지도 못할, 온갖 공갈을 다 해가며, 오바마 대통령이 한번 전화를 걸어주었으면, 하고 기다려 봐도 아무 소식이 없고, 우리 측에서도 겁을 먹고 있다는 아무 증후가 없자, 점점 더 초조해져, 공갈의 수준을 높여가고 있다. 이제 다급해진 것은 그들 자신이다. 사태를 수습국면으로 몰고 갈 명분과 방법이 없기 때문이다. 그러므로 지금 우리에게는 '침묵이 금'이다. 쓸데없이 특사파견을 들먹일 때가 아니다.

우리의 적은 북이 아니다. 최대의 적은 우리 내부에 도사리고 있는 무식하고 얼빠진 종북세력들이다. 이번 사태를 계기로 우리는 이들을 일소해야 한다. 북은 우리의 박근혜 대통령을 잘못 보았다고 말하고 있다. 박근혜가 여자라, 공갈을 하면 수그러들 줄 알고, 강수를 걸어 보았으나 먹혀들지 않아 안타깝다는 얘기일 것이다. 그러나 여자라고 얕보다가는 큰 코 다친다.

마침, 영국의 영웅적인 전 수상 마거릿 대처여사의 부보가 날아들어왔다. 대처수상이 만만한 수상이었던가. 모든 국민의 복지를 국가가 책임지던 사회주의적인 영국을 시장경제적인 자본주의 국가로 바꾸고, 이른바 '영국병'을 치유한 위대한 수상이 대처여사였다.

남자도 감히 해내지 못할 일을 여자 수상이 해냈다. 아르헨티나가, 그녀를 얕보고, 포클랜드 점령을 강행하자, 대처수상은 즉각 함대를 파견하여, 이를 되찾았다. 우리 속담에도 '여자가 한을 품으면, 오뉴월에도 서리가 내린다'는 말이 있다. 따라서 박근혜는 이제 서른이 될까 말까 한 유약한 김정은의 적수가 아니다.

다만, 여러 번 내가 지적했듯이, 5년 단임 대통령으로는 그 역량을 제대로 발휘할 수 없다는 핸디캡이 있다. 따라서 나는 하루빨리 이 제한이 풀려야 한다고 생각한다. 그러나 헌법 개정에는 여러 가지 장애가 많다. 국회의원 3분의 2의 찬성이 있어야 한다는 것도 문제이지만, 헌법 개정 당시의 대통령에게는 이를 적용할 수 없다는 제한도 크게 문제이다. 어떤 대통령이 다음 대통령을 위하여 개헌이라는 어려운 일을 해내려 할 것인가. 요컨대, 현행 헌법은 앞으로 영원히 이를 개정하지 못하도록 재갈을 물려놓고 있는 것이다.

헌법도 시대에 걸맞지 않으면 마땅히 개정되어야 한다. 이것을 억지로 막는다면 국가발전은 저해된다. 그러므로, 나는 이 조항에 국한해서 말해 본다면 이를 '개정' 할 것이 아니라, '폐지'하면 된다고 생각한다. 폐지하는 데는 국회의원 3분의 2 이상의 찬성이 필요치 않다. 다른 의안처럼 과반수의 찬성이 있으면 된다. 다만, 이미 문제가 되었듯이, '국회 선진화법'이라는 것이 문제인데, 이것도 깊이 생각해 보면 해결방법이 나온다고 생각한다. 어쨌든 5년의 단임 대통령으로는 그 역량을 충분히 발휘할 수 없다는 것은 움직일 수 없는 진리이다. 대처수상도 11년이나 수상 직에 있었기에 그런 업적을 낼 수 있었다. 독일의 통일도 콜 수상이 16년의 장기집권을 하였기에 가능했다. 물론, 영국이나 서독은 우리와는 달리 의원내각제라 장기 집권이 가능했다.

우리가, 앞으로, 통일이라는 중대과업을 완수하려면, 우리는, 무엇보다도, 임기 5년의 단임 대통령제부터 개정해야 한다. 서독의 콜 수상도, 남모르게 통일을 추진하면서도, 겉으로는, 그것이 어찌 내 임기 중에 이루어지겠느냐, 고 능청을 떨었다. 대처 수상도, 어찌 여자가 영국의 수상이 될 날이 오겠느냐, 고 너스레를 놓았다. 그러나, 일견 불가능할 것 같던 그런 일들은 모두 이루어지고 말았다.

우리가 우리의 미래를 바꾸려면, 우리 스스로가, 우리 앞에 가로 놓인 장애물들을, 우리 손으로, 하나씩 제거해 놓고 보아야 한다. 우리를 제쳐놓고 우리 문제를 해결해 줄 나라는 없다.

애국을 할 것인가, 말 것인가

나는 요 몇 달째, 아니, 몇 년째, 남모르는 고민에 빠져 있다. 그
것은 아무도 알아주지 않아도 내가 혼자 계속하고 있는 '애국'을 계
속할 것인가, 말 것인가, 하는 문제이다. 그러는 한편으로 늘, 송나
라의 철학자 소노천의 말이 머리에서 떨어지지 않는다. 그는 이렇게
말했다. '한 나라는 1인으로써 흥하고, 1인으로써 망한다'고.

물론, 나는, 한 나라의 대통령도 아니고, 대통령이 되겠다고 나
선 일도 없는 사람이다. 그러나 그 '1인'이 어찌 대통령에 국한된
개념이겠느냐고 생각하는 사람 중의 한 사람이다. 더군다나, 요즘
세상 돌아가는 형편을 보고 있노라면 여러 사람들이 대통령이 되겠
다고 떠들었지만, 이런 사람들이 과연, 나라를 흥하게 할 자질이
있다고 스스로 믿고 있는 사람이냐를 의심케 할 때가 많았다.

그러므로 대통령이나 그 후보가 아닌 사람이라도 입을 다물고 있
을 것이 아니라, 이것이야말로 나라를 흥하게 하고 나라를 망하게
한다고 말하고 나설 필요가 있다고 생각해 왔던 것이다.

'1국'이 어찌 나라뿐이겠는가. 회사도 '1국'이요, 단체도 '1국'이
다. 따라서 제대로 사명감을 가진 '1인'이 있다면 그 조직은 흥하
고, 그런 사람이 없거나, 잘못된 '1인'이 설치면 그 조직은 망하고

만다고 할 수 있다.

나는 지금 완전한 무소속이다. 그러므로 아무와도 더불어 일을 도모하지 않고 있다. 그러나, 광의로 해석한다면, 나도 비록 느슨하긴 하지만 서로 연관을 가진 몇 개 사회의 일원이라 할 수 있다. 그러므로 혼자서라도 외로워하거나, 애국을 중단할 필요는 없다. 내 생각을 가까운 친구들에게 말한다면 그것이 얼마간의 효과를 거둘 수도 있고, 글로 쓴다면, 당대는 물론, 후대에라도 언젠가는 약간의 효과를 거둘 수가 있다고 생각한다.

그러나 나이가 이미 팔십을 넘기고 보니, 구태여, 그런 힘든 노력을 계속할 것이 아니라, 이제는 그 애국도 나의 후배들에게 맡기고, 고요히 남은 생을 마감할 준비나 하는 것이 현명한 방법이 아닌가, 하는 생각을 문득문득 가지게 되는 것이다.

그러나, 일찍이 데카르트는 말했다. '나는 생각한다. 고로, 나는 존재한다.' 나도 언젠가는 저 세상으로 떠난다. 그러나 언제 갈지는 나도 모르고, 남들도 모른다. 그렇다면 내가 존재하는 동안은 생각할 수밖에 없는 것이 아니겠는가. 생각을 한다면, 그것은 애국뿐인 것이 문제이다.

사실, 내가, 애국을 하고, 글을 쓰고, 말을 한다, 해도, 나에게는 전혀 도움이 되는 것이 없다. 기껏 옳은 말을 해봤자, 잘했다고 박수를 칠 사람도 없고, 용돈으로 쓰라고 돈을 보내줄 사람도 없다. 오히려 비위에 안 맞는 부분이 있다면, 나에게 돌아오는 것은 욕뿐일 것이다. 이렇듯 수지 안 맞는 일을 계속해야 할 것인가, 말아야 할 것인가, 이것이 고민인 것이다.

그렇다면, 지금 내가 진정으로 하고 싶은 말은 무엇인가. 첫째, 자기가 이 나라를 구할 아무런 방책이 없음에도 불구하고 용감하게도 대통령이 되겠다고 나서는 사람이 너무나 많다는 사실에 분개한다. 이런 자들이야 말로 1인으로써 1국을 흥하게 할 사람이 아니라, 1인으로써 나라를 망하게 할 사람이다. 이 부분은 다른 항목에서도 누누이 거론한 일이기 때문에 중복을 회피하고자 한다.

둘째는, 5, 60년 전에 유죄로 판결된 사건을 가지고 재심을 청구해서 무죄를 받았다고 즐거워하는 사람들이다. 5, 60년 전의 우리나라와 지금의 우리나라는 판이한 세상이다. 그때 태어나지도 않던 재판관들이 법조문의 형식논리로 무죄를 선고하는 것도 있을 수 없는 일이거니와, 사건의 재심청구를 판단할 능력이 없는 재판관에게 재심을 청구하는 청구인들도 크게 문제이다.

재판은 새로운 입법이다. 판결은 판례가 되어 다음 재판에 영향을 끼치게 된다. 원심 판결 당시의 사회와 지금의 우리 사회는 전혀 다른 세상이다. 이것을 고려하지 않고, 지금의 상황에서, 5, 60년 전의 사건을 논한다는 자체가 무리이다. 그때는 국가의 존립자체가 당면한 문제였다. 지금은 우리나라도 커져서 당장 국가의 존립자체가 문제되는 일은 드물게 되었다. 그러므로 과거에는 과거의 척도가 있었고 지금은 지금의 척도가 있게 된다. 이것을 무시하고 함부로 과거의 판결을 무죄 또는 무효로 판결한다는 것은 위험천만한 일이다. 무엇보다도 법적안정성이 위협받는다. 시효제도는 왜 있는가.

과거의 유죄가 무죄 또는 무효로 바뀐다면 그동안 우리들이 쌓아 올린 성과는 모두 무효 또는 불법이라는 뜻이냐?

수 십 년 전의 추락사 사건에 타살혐의가 있다고 문제를 제기하는 사람이 있는 모양이나, 그렇다면 가해자는 누구란 말이냐. 이것은 의혹을 제기하는 사람이 먼저 밝히고 나서야 할 것인데 그럴 것 같지도 않다. 가해자가 있다면, 그 사람은 지금 살아 있는 사람이냐, 이것도 분명치가 않다. 따라서 이 사건은 전혀 거론할 가치가 없는 사건일 것이다.

이것을 대서특필하는 언론매체도 진정한 언론기관이냐. 문제가 안 되는 것을 알면서도 이를 대서특필한다는 것은 언론이 한낱 화제 거리나 제공하는 오락기관이란 말이냐. 나는 이것을 우려한다.

셋째, '인간답게 살아보자!'라는 구호의 남발이다. 도대체, 어떻게 살면 인간답게 사는 것이냐. 이것도 알 수 없다. 그런데도 이런 구호가 도처에 나돈다. 이런 철학적인 구호를 내걸어놓고 확성기를 틀어 통행인을 괴롭히는가 하면, 심지어, 대로에 천막을 쳐놓고, 몇 날, 몇 달 동안 소란을 피운다. 아무도 그 사람들이 인간답게 살겠다는데 반대할 사람은 없다. 그렇다고 해서 다른 사람에게 해가 되는 행위까지 동의해줄 의무는 누구에게도 없다.

그러면 이분들이 하고 싶은 구체적인 요구는 무엇인가. '해고는 살인이다', 라고도 했다. 이것도 지나친 주장이다. 그렇다면, 어떤 기업이든, 일단, 사람을 채용하면 그 사람에게 무한정으로 인간답게 살아갈 수 있도록 보장해야 하겠는데, 과연 그런 방법이 있겠는가가 문제된다 하겠다. 기업은 대체로 주식회사이고 주식회사란 유한책임의 주주들로 구성된다. 이익을 내서 종사원에게 임금을 지급하고, 자체의 사업 확장에도 돈을 쓸 수 있게 되어야 하겠는데, 무한정으로 종업원들에게 인간답게 살 권리의 보장에만 전념하다가는 기업의 존립자체가 위협받게 될 것이다. 그렇든 말든 근로자의 이익만을 무한정으로 보장하라? 이것은 기업을 복지단체로 착각하는 주장이 된다.

무슨 주장을 하려면, 그것은 간결해야 한다. 그렇다면, '인간답게 살아보자!'라는 것은 철학적 명제는 될 수 있어도 노사문제를 다투는 쟁송의 주장이 될 수 없다. 따라서 이것은 법 위에 헌법, 헌법 위에 '떼 법'이 있다는 속설을 그대로 반영하는 대표적인 사례가 될 것이다.

다음으로, 문제 삼고 싶은 것은 대학의 각성이다. 대학은 지금 기로에 서 있다. 한 조사에 의하면, 대학교수들은 65세까지 정년이 보장되어 있음에도 불구하고 점차 자기 직업에 대한 회의가 커져가고 있다. 지금 어느 분야에도 65세까지 정년이 보장된 직업은 없다. 오직 교수들 뿐이다. 그러나 출생률의 감소로 학생 수가 줄어들고 있고, 따라서, 자신이 맡고 있는 강좌가 언제까지 계속 존치될 수 있는지에 대하여 의문을 가질 수밖에 없는 것이 현실이다.

학생들도 고민이 많다. 고등학교 재학 중에는 대학입학 준비에만 매달려야 하고, 대학에 들어가서는 취직준비에만 전념해야 한다. 언제나 내일 걱정 때문에 오늘을 제대로 살아갈 수 없다. 무슨 공부를 해야 할지도 종잡을 수가 없다. 이 문제에 대해서는, 본인들도 모르고, 학부형들도 모르고, 교수들도 모른다. 있는 것은 오로지 불안과 초조뿐이다. 세상이 하도 급변하기 때문에, 내가 앞으로 어떤 사람이 되어야 하겠는가에 대한 확신도 없다. 학부형들에게야 부담이 되겠지만, 되도록, 졸업을 늦추고 싶은 심정뿐이다. 이런 판에 정치인들은 반값 등록금이나 부르짖는다. 이것이 오늘의 답답한 사회현상이다.

대학교수들은 이런 현상에서 벗어나고자, 정치인들 주변에 떼거리로 몰려들고 있다. 이들이 이른바 '폴리페서' 들이다. 하루 빨리 대학가에서 벗어나, 정계에서 새 길을 찾으려 하고 있는 것이다.

교육당국은 그동안 타성처럼 되어온, 대학입시 개혁에 계속 몰입할 것이 아니라, 새로운 시대를 선도할 수 있는 새로운 국민 상 제시에 전념해야 할 것이다. 이런 노력을 게을리 하면서 일괄적으로 대학입시개혁을 추진하려 한다면 앞으로도 계속해서 전교조에 휘둘리고 말 것이다. 어떤 학생을 뽑을 것이냐, 어떻게 가르칠 것이냐는 대학마다 고민해야 할 문제이다.

마지막으로, 지금 우리가 당면하고 있는 모든 불안과 불합리, 부조리의 원천인 북한의 본질을 어떻게 파악하고 대처해야 할 것인가에 대한 성찰이다. 나는 해방 뒤 계속해서 북을 관찰해 왔지만, 그들은 근본적으로, 빨치산 집단, 테러집단, 전쟁집단, 공갈집단의 범주를 벗어나지 못하고 있다.

그들은 해방 뒤 오늘에 이르도록, 1당 독재 아니, 실은 당도 없었고, 1인 독재만을 유지해 왔지만, 이 동안 인민을 위해 이룩해 놓은 것은 아무것도 없다. 유일한 성과는 3대에 걸친 세습체제와 이것을 유지하기 위한 핵무장 뿐이다.

인민들은 공산당 식 선동과 선전만을 먹고는 배부를 수 없다. 근착 외신에 의하면, 그들은 몽골에게까지 식량지원을 요청했다. 이런 극빈체제로 우리에게 맞서고, 미국과 1대1로 대결하겠다는 것인가. 아무리 보아도, 정상적인 국가라고는 할 수 없다. 전쟁을 하려면, 무엇보다도 국민을, 군대를 먹여 살려 놓고 보아야 한다. 이것도 할 능력이 없으면서 미사일을 쏘겠다고 떠들어봐야, 그저 떠벌려보는 소리라고 받아들일 수밖에 없다.

헛소리라는 것을 알면서, 그들이 그렇게 떠들어대고 있다면, 그것은 그들이, 이미 현실 정치세력이 아니라는 증거가 될 것이고, 만약 모르고 이런 언동을 계속하고 있다면, 그들은 이미 중증의 정신질환을 앓고 있다는 증거가 될 것이다. 일찍이, 국제정치학자 한스 모건소(1904~1980)는 그의 역작 'Politics among Nations'를 통하여 이렇게 말했다. '나아가자니, 엄청난 곤란이 있고, 물러서자니, 현저히 체면이 깎이는, 그런 장소로, 지도자는 국가를 인도해서는 안 된다.' 고. 하기야, 언제, 북에 군민이 있었던가.

따라서, 우리가 앞으로 이런 북에 대응하기 위해서는, 우리의 건전한 상식이 통할 것이라는 전제를, 일단, 접어야 한다. 그들은 광인이고, 정신병자들이다. 그들이 무서워하는 것은 오직 힘뿐이다. 이것을 전제로 해야만 옳은 답이 나온다.

이제, 그들의 정체와 밑천은 남김없이 다 드러났다. 우리만 정신을 차리고 있으면, 앞으로 문제될 것은 아무 것도 없다. 그들은 그들대로 그들의 체제가 소멸될 날만 기다리고 있을 것이다.

그들에게는 확실한 말을 해야 한다

'우리 민족끼리'라는 말이 있지만, 그들에게는, 이제, 이런 애매 모호한 말을 해서는 안 통한다. 남과 북의 주민들은 확실히 같은 민족이다. 그러나, 이런 애매모호한 말로는 그들의 행위를 도저히 이해할 수 없다. 같은 민족끼리인데, 어찌, 감히, 6.25 전쟁을 일으 켰는가. 같은 민족이 살고 있는 서울을, 어찌, 불바다로 만들겠다 고 말할 수가 있는가. 같은 우리말을 쓰고 있으면서도 그 말의 뜻 은 전혀 다르다. 이것을 알아야만, 그들과의 의사소통이 가능하다. 이것을 깨닫는데 우리는, 실로, 70년의 세월을 낭비했다.

남은 방법은, 앞으로 확실한 말을 쓰는 것뿐이다. 한다, 안 한 다, 친다, 안친다, 미사일에 연료를 장전하기 시작한다면, 선제공 격으로 이를 파괴한다고 해야 한다. 우리는 북이 갖지 못한 고성능 전투폭격기 F—16을 다수 보유하고 있다. 이것을 가지고 쳐들어간 다면 그들의 핵 기지는 순식간에 쓰레기더미가 되고 만다. 이것을 알게 해 주어야 한다.

그들은 어느 날 갑자기 개성공단에서 일하던 그들의 근로자 5만 3천명의 출근을 금지시켰다. 이것이 이른바 '개성공단 사건'의 시작 이었다. 우리 측 인원들도 모두 철수했으나, 그들은 3월분 임금과 세금을 지불하라면서, 우리 측 관리공단 직원 5명과 통신을 담당하는 KT직원 2명을 붙들어놓고 있었다. 어불성설이다. 임금도 주는 날짜가 있고, 세금도 납부 기일이 있다. 그런 것을 일절 무시하고, 그들 마음대로 문을 닫게 하고, 돈을 내라고 한다면, 이것은 막가는 행위이다.

기분대로 한다면, 우리 측에서 올라가는 전기 줄도 끊고, 수도관도 즉각 잠가야 한다. 그러나 그들도 그렇게 까지는 해 놓기 싫은 모양이었다. 그들 근로자들에게는 월평균 1백 50달러씩 월급이 지급되고 있다. 그 대부분을 그들 정부가 삥땅을 하고 있지만, 아무데서도 외화 들어올 데가 없는 그들에게는 결코 무시할 수 없는 수입이다. 이것을 간단히 놓치기는 아깝다. 그러니, 이러지도 저러지도 못하고 미적대고 있었다. 아무래도, 미련이 남는 모양이었다.

우리 측 인원은, 그들이 그들의 근로자들을 철수 시킨 지 5일 만에 완전 철수했다. 그러나 그들은 그들이 요구한 노임 등의 문제가 완전 청산되었음에도, 우리 측이 요구한 완제품과 원, 부자재의 반출에는 응하지 않았다. 그러면서도, 우리 측이 전기와 수도를 끊으면 공단이 망가진다는 것을 우려했다. 그들의 표정은 씁쓸했다. 애초에 공단 폐쇄의 이유로 내세웠던, 이른바 '최고 존엄'을 모욕했다는 발언은 그들의 발목을 잡는 실수였다.

그 뒤의 김정은 동정이라는 것도 실로 가소롭다. 어디 갈 데가 없어서, 축구구경이나 가고, 경제시찰을 한다면서, 개업을 앞두고 있는 철판구이 식당에나 찾아가고 있는가. 그들이 '최고 존엄'이라고 떠받들고 있는 김정은의 표정도 가관이다. 전 세계에 그 사진이 배포되었고, 나도 지금 그 사진을 보고 있지만, 최고 존엄에 걸맞는 표정은 찾아볼 수가 없다. 느낌대로 말한다면 그저 코미디언이다.

국제정세를 보는 우리의 시각도 달라져야 한다. 천편일률적인, 정형화된 시각(stereotyped phrases)을 탈피해야 한다. 예컨대 야스쿠니 신사 참배를 군국주의 부활, 우경화라고 매도할 것이 아니라 그 의도가 무엇인지를 찬찬히 살펴야 한다. 내가 보기에, 이번 야스쿠니 신사 춘계대제에 일본 국회의원이 대거 참배한 것은, 배일운동을 끈질기게 고조시키고 있는 중국을 겨냥한 조치이다. 세상은 날마다 변화하고 있다. 케케묵은 옛날 잣대로는 오늘을 이해할 수 없다.

변화무쌍한 국제정치를 제대로 읽으려면, 일정한 정보의 축적이 필요하다. 그런 것 없이, 일반상식으로 이를 이해하려 한다면, 그것은 국제정세를 잘못 보는 결과가 될 것이다. 중국과 일본 사이에서 줄타기 외교를 하고 있는 우리로서는 그저 잠자코 지켜보고 있는 것이 상책이다.

우리로서는 북한 문제가 선결이다. 만일, 한반도에 문제가 생긴다면, 확실히 우리 편을 들고 나설 나라는 일본뿐이다. 일본에게는, 그럴 의지도 있고, 능력도 있다. 중국은 여전히 어정쩡한 태도를 취할 가능성이 크다. 왜 그런가. 중국은 지금 그들 국내문제만으로도 너무나 심각하다. 국영기업의 부실도 이미 한계에 도달했고, 지방정부의 재정상태도 부도직전이다. 미국이 하도 강하게 압박하니, 마지못해, 북을 견제하는 척 하고 있을 뿐이다.

케리 미 국무장관이 중국을 방문한 뒤, 중국은, 북한으로 연결된 석유와 가스관을 열었다 닫았다 하다가 드디어, 북에 지원되는 에너지의 4분의 1을 감량시켰다. 이런 사태에 이르자, 북은 비로소 정신을 차리게 되었다. 그들은 수 십 년간, 이른바 '주체'를 부르짖었다. 그래도 '주체'는 이루어지지 않았고, 끝내, 남의 나라에 의존해서 궁색한 살림을 꾸려왔다. 이제는, 험악한 언사로 우리를 협박할 것이 아니라, 현실을 직시하고, 깊이 반성해야 할 것이다.

그들의 밑천은 다 드러났다. 지금 살아있는 것은 그들의 입뿐이다. 그들은 동해안에 세워놓고 있던 그들의 중거리 미사일도 슬그머니 철거했다. 결국, 북한 문제를 주도적으로 해결할 나라는 우리뿐이다. 우리가, 제대로, 때맞추어 사태에 대처하고 나서면, 우방들도 우리를 도울 것이고, 반면, 우리가, 확고한 의지 없이, 미적거리면, 현상고착으로 가고 말 것이다. 어느 길이 옳은가, 이것은, 전적으로, 우리가 결정할 문제이다.

마지막으로, 꼭 짚고 넘어가야 할 문제가 있다. 개성공단을 만든 당시의 정권은 무얼 믿고 이런 불안정한 지역에 막대한 국비를 들여, 그것을 만들었느냐, 하는 것이다. '우리 민족끼리'를 믿고, '평화'를 부르짖기만 하면, 앞으로 남북 간에는 영원히, 아무 문제가 없다고 확신했느냐. 이것이 문제이다. 한마디 더 덧붙인다면, 그들은 지금도 우리를 '괴뢰 패당'이라고 지칭하고 있다. 이런 무리들과 대화가 되겠는가. 어거지에는 우리의 의지만이 약이다.

대통령의 사진

나는, 지금, 한 장의 사진을 보고 있다. 취임 뒤 처음으로 방미한, 박근혜 대통령이 오바마 미국 대통령과 단독회담을 하고 있는 사진이다. 나는 한번 보고 말기엔 너무나 아쉬워, 이를 정중히 오려 가지고는, 책상 앞 벽에 붙여놓고 드나들며, 되풀이해서 이를 감상하고 있다.

그동안, 우리 역대 대통령들이 미국을 방문해서, 미국 대통령과 면담한 일이 여러 번 있었지만, 이런 사진이 찍힌 일은, 일찍이, 한 번도 없었다. 두 사람이, 저마다 등 뒤에 통역을 앉혀놓고 있다면, 이는 미리 준비해간 기조 연설문을 낭독하는 광경과 다를 바가 없다. 의자에 깊숙이 앉아 등받이에 몸을 기대고 앉아 있다면, 그 내용은 들으나 마나한 것이다. 더군다나, 어느 한 쪽이 다리까지 꼬고 앉아 있다면, '오셨으니, 당신 애기를 들어나 봅시다……'가 되고 만다. 어디까지나 그것은 보도용 기념촬영 자세이기 때문이다.

그러나 이번 것은 그런 것과는 너무나 달랐다. 박 대통령은 상대방의 두 눈을 똑바로 들여다보면서 두 손을 들어 손짓까지 해가며 말을 하고 있고, 오바마 대통령은 의자를 바짝 끌어당겨 놓고 몸을 앞으로 숙여서는 우리 대통령의 눈을 보며 경청자세를 취하고 있다. 이 사람과는 대화가 된다는 표정이 역연하다. 우리에게, 언제,

이런 대통령이 있었던가.

나는, 오랫동안, 언론계 현역으로 있으면서, 편집에 종사해왔다. 일선 기자들이 송고해온 기사들을 자르기도 하고, 늘이기도 했고, 사진 원고를 수없이 트리밍 하기도 했다. 그런 연고로, 나는 내 나름대로는 신문제작에 일가견이 있는 사람이다. 그중에서도 사진편집에는 신경을 많이 썼다. 사실, 어떤 의미에서는, 문장으로 된, 기사내용보다는 사진이 더 호소력이 강한 때가 많다고 느껴왔다. 문장은 그 내용을 얼버무릴 수도 있지만, 사진은 어느 순간을 포착한 것이기 때문에, 두 번 다시 똑 같은 사진을 찍을 수가 없다. 있는 그대로 찍어야지, 연출을 해 가지고는 오히려 실감이 안 나는 경우가 많다. 또한, 트리밍도 매우 중요하다. 어느 부분을 강조하느냐에 따라 감동이 전혀 달라진다.

그동안, 우리는, 무식하면서도, 대담무쌍한 대통령들을 잇따라 모셔왔다. 이들은 우리나라의 품격을 심히 손상시켰을 뿐만 아니라, 국기를 근본부터 흔들어 놓았다.

어떤 이는, 머리는 빌려오면 된다면서 아침부터 조깅에 전념하기도 했다. 남의 머리를 빌려온다는 것이 그른 일은 아니지만, 어떤 머리를 빌릴 것인가는 자신의 머리로 결정해야 하는 것이 아닌가. 그러자면, 자기자신부터가 먼저 머리를 써야 하는 데도, 그런 노력은 없었다. 또 어떤 이는, 김정일에게 막대한 외화를 보내주고, 남북 정상회담이라는 것을 한 다음, 이를 빌미로 노벨 평화상이라는 것을 받았다. 그렇다면, 그에게 있어, 대한민국 대통령 직 수행이 목적이냐, 노벨평화상 수상이 목적이냐.

또 다른 어떤 이는, 종잡을 수 없이, 괴상한 국정수행으로 국회에서 탄핵이 의결되었지만, 헌법재판소라는 기관의 지원을 받아 파면은 겨우 모면하였다. 그러고도, 그는 그 뒤에도, 한 점 반성의 빛이 없다가, 퇴임직후, 자택 인근 야산에서 투신자살로 생을 마감했다.

이런 사람들은 백번 죽었다 깨어난다 해도, 이번 박근혜 대통령 같은 사진이 찍힐 수는 없다. 그렇기 때문에, 나는 무한한 감동을 받으며, 이 사진을 되풀이해서 감상하고 있는 것이다.

내가 보도사진에 처음으로 감동한 것은 약 50년 전의 일이었다. 당시, 프랑스의 파리 마치지에서 한 사진을 발견했다. 현직 영국 수상이 여름휴가를 가기 위해, 일반 버스 정류장에서 차를 기다리고 있는 장면이었다. 단출한 등산복 차림에, 배낭을 짊어지고, 한 손에는 애견의 끈을 쥐고 있었다. 지금, 기억이 알쏭달쏭하지만, 아마도, 그는 당시의 노동당 당수 윌슨이었을 것이다.

그때까지만 해도, 나는 대통령이나, 수상이 어디를 가려면, 앞뒤에 경호차의 호송을 받으며, 일반차량의 통행을 제지해 놓고, 고속으로 거리를 질주해야 하는 것으로 알고 있었다. 휴양지에 가더라도 그것은 새로운 정치 구상을 하러가는 것이지, 휴양자체가 목적은 아닌 것으로 알려져야 한다고 생각하고 있었다. 어쨌든, 나는 이 사진을 보고 크게 감동했다. 이런 정치인이 있는 곳이, 바로, 민주국가이구나, 하는 것이었다.

최근에도 감동을 받은 사진이 있다. 지난 4월 7일 독일의 하노버에서 열린 산업박람회에 가서, 나란히 찍힌, 푸틴 러시아 대통령과 메르켈 독일 수상의 사진이었다. 이 박람회 참석을 전후하여, 메르켈 수상은 푸틴 대통령에게 신랄한 비판을 가했다. 당신들이 법개정에 나서지 않는다면 우리는 당신들을 지원할 수 없다는 요지였던 것으로 알려지고 있다. 그렇기 때문에 이날 메르켈과 푸틴은 나란히 앉았으나, 두 사람의 시선은 각각 다른 데를 보고 있다. 메르켈은 먼 산을 보고 있고, 푸틴은 어색한 눈빛으로 메르켈의 옆얼굴을 바라보고 있다.

다 아는 일이지만, 지금도 러시아는 후진국 수준을 벗어나지 못하고 있다. 임기가 끝나자, 대통령이 국무총리가 되고, 대신, 국무총리가 대통령이 됐다. 그러다가, 국무총리 자리에 가있던 푸틴이 다시 대통령이 되고, 대통령하던 사람이 다시 국무총리 자리로 되돌아갔다. 이것은 후진국에서나 있을 수 있는 일이다.

러시아는 석유와 가스 외에는 생산되는 것이 별로 없다. 그것도 미국의 오바마가 자국 내에서 대량으로 셰일 가스를 생산하는 바람에, 그 수출 길도 막히게 됐다. 진퇴양난이다. 러시아는 GDP의 절반가량을 석유와 가스 수출에 의존해서 국력을 키우겠다고 하고 있지만, 앞으로의 전망은 매우 불투명하다.

별항에서도 언급했지만, 요즘, 북한의 김정은 표정도 가관이다. 그들이 '최고 존엄'이라고 떠들고 있어도, 지금 그의 표정에는 최고 존엄다운 위엄은 없다. 느닷없이 개성공단 문을 닫았지만, 그 곳을 다니며 생계를 이어가던 5만 3천명의 근로자들에게 새로운 일자리를 만들어줄 능력은 없다. 오죽했으면, 몽골에게 식량지원을 요청하고, 중국에게 이들의 일자리를 만들어 달라고 매달리겠는가.

지금은 어떻게 보면, '문장의 시대'가 아니라 '영상의 시대'이다. 사진 한 장은 백 마디의 문장보다 더 리얼하게 의미를 전달할 수 있다. 북은 입만 살아있지만, 제 입으로 내뱉아 놓은 말을 감당할 능력이 없다.

이런저런 이유 때문에, 나는, 오늘도, 박근혜−오바마의 사진을 열심히 바라보고 있다.

한국인의 저력

우리 한국인에게는 분명히 어떤 저력의 원천이 있다. 그런 것이 없었다면, 어찌, 불과 40~50년 만에, 이렇게도, 급속히, 근대화, 산업화, 민주화를 이룰 수 있었겠는가. 자동차를 발명하고 생산한 나라들은 공통적으로, 그에 앞선 기술이 있었다. 그것은 바퀴 4개가 달린 마차의 발달이었다. 그러나 우리에게는 그런 마차의 역사가 없었다. 짐이나 실어 나르는 소달구지가 고작이었다. 그러다가, 박정희 대통령이 자동차 제조 공업을 역점사업으로 내걸자, 일거에, 비약적인 발달을 보게 되었다. 이제, 우리는 자동차 수출 5대 강국의 반열에 올라 있다.

요즘 우리 젊은이들은 이 소달구지가 어떤 모양의 것이었는지 알지 못할 것이다. 먼저, 나무로 투박하게 둥근 바퀴를 만들어 가지고는, 쇠로 된 타이어를 끼우는데, 이때, 두꺼운 철판을 둥그렇게 꾸부려 붙여 가지고는, 이를 벌겋게 불에 달구어서, 검은 연기를 내면서, 망치로 두들겨 나무 바퀴에 밀착되도록 고정시켰다. 수레는 수레로되, 오늘날의 네 바퀴 자동차와는 너무나 거리가 먼 물건이었다. 그리고 우리에게 전화가 있었는가. 오늘날 휴대전화 산업에서 단연코 세계제일의 반열에 오른 것은 무슨 이유에서인가.

따라서, 우리에게는 남다른 저력이 있었던 것이 분명하다. 그것이 무엇인가. 나는 한 사람의 한국인으로서 이를 알고 있다. 그러나 이것을 설명하기는 매우 어렵다.

일찍이, 로마 시대의 한 철학자는 '시간'이 무엇인가, 에 관하여 고민하다가, 이렇게 말하였다. '시간이란 무엇인가. 아무도 나에게 묻지 않는다면, 나는 그것을 알고 있다. 그러나, 누군가가 나에게 이를 묻는다면, 나는 그것을 모른다,' 고.

사실, 시간이란, 생각하면 할수록 설명하기 어려운 존재이다. 시간에는 과거와 현재와 미래라는 구분이 있을 것인데, 과거는 이미 지나가, 지금은 존재하지 않고, 미래는 아직 도래하지 않았으며, 현재는, 매 순간 흘러가, 과거가 된다. 그러므로 시간의 정체는 붙잡을 수가 없다. 현재가 있기는 한데, 아무리 정교한 현미경을 가지고 이를 들여다보려 해도 보이지 않는다.

나도 한국인의 탁월한 저력의 원천에 관하여 알고는 있지만, 그것을 간략히 설명하기는 대단히 어렵다. 그러나 용기를 내서 말해본다면, 그것은 이런 것이 될 것이다.

첫째로, 우리 한국인은 호기심이 남다르다. 배고픈 것은 참을 수 있어도 궁금한 것은 못 참는다. 구경거리를 좋아하고, 남의 속사정 알아내는 데 비상한 관심이 있다. 남의 속사정을 알아봤자 배부를 것도 없는데도, 미주알고주알 알기를 좋아한다. 점잖은 표현으로 바꿔보자면, 지적 호기심이 왕성하다.

둘째로, 한국의 부모들은 자녀교육에 남다른 열의를 가지고 있다. 자녀들도 향학열이 강하다. 신분 상승의 의욕이 높다. 그렇기 때문에 부모들은 자녀의 공부를 뒷받침하기 위하여, 주저 없이 논과 밭을 팔고, 농사에 없어서는 안 될 소중한 소를 팔았다. 그런 재산이 없는 집 어머니는 삯바느질을 해야만 했다. 이런 일은 외국에서는 드문 일이다. 한때, 대학을 가리켜 '상아탑'이라는 말 대신 '우골탑'이라고 하지 않았던가.

셋째, 한국인에게는 누구나 '빨리빨리 정신'이 있다. 일을 앞에 놓고는 뭉개지를 못 한다. 하고 싶은 말이 있으면 참지를 못 하고, 가지고 있는 생각을 솔직히 말하는 습성이 있다. 자기의 의견을 남에게 말하지 않고, 딴전을 부리는 경향이 있는, 이웃나라 사람들과는 차이가 있다. 어떻게 보면, 이것은 우리의 장점이자, 단점이다. 어쨌든, 한국 사람은 AS에 강하다. 고쳐 달라고 하면 한밤중에도 달려온다. 주문을 하면 금방 물건을 만들어서 가지고 온다. 이런 나라는 달리 찾아보기 어렵다.

넷째, 한국 사람들은 평등의식이 강하다. 수 백 년 동안, 반상의 신분차별이 있어 왔지만, 속으로는, 양반이 별것이냐, 라는 저항의식이 있었다. '수염이 석자라도 먹어야 양반'이라는 말도 있었고, 양반을 비꼬는 '양반전'이라는 민속놀이도 있었다. '왕후장상이 어찌 씨가 있겠느냐'라는 저항의식이 강했다. 그렇기 때문에, 일단, 근대화 바람이 불자, 우리사회에서는 이웃인 중국과 일본에 앞서 재빨리 천민계급이 없어졌다.

다섯째로, 박정희 대통령이 선도한, 이른바 '하면, 된다' 주의의 보편화가 있다. 해서 이루지 못할 일이 있느냐, 그것은 하지 않고,

먼저 겁부터 먹은 결과이다, 라는 것이다. 아마도, 이것이야말로 가장 으뜸 되는 우리의 저력일 것이다. 우리는 실패를 두려워하지 않고, 겁 없이 달려들었다. 외국 사람들은 이것을 'can-do-spirit'이라고 번역하고 있다. 우리 산업근대화에 여러 신화를 창조한 정주영 현대그룹 회장도, 회의론, 소극론을 주장하는 간부 사원들에게는 '너, 해 봤어?'라고 말했다고 전해지고 있다.

이밖에도, 우리 한국 사람에게는 '신명'이라는 것이 있다. 몇 사람이 모이면, 누가 시키지 않아도, 노래를 부르고 춤을 춘다. 어떤 이는, '한'이 어쩌고저쩌고 하지만, 나는 '한' 보다는 '신명'이 더 한국적인 정서라고 생각한다. 일단, 신명이 나면, 대가 없이도 남의 일을 해준다. 더욱이, 자기를 알아주는 사람을 위해서는, 목숨까지는 아니라도 있는 힘을 다 한다.

마지막으로 덧붙일 일은, 우리 정부는 언제나 민간에 앞서 경제개발 계획을 수립했고, 일을 하려는 사람, 사업을 일으키려는 기업가에게는 집중적인 지원을 아끼지 않았다는 사실이다. 귀한 외환을 저 환율로 집중적으로 배정했고, 저렴한 금리로 자금지원을 했으며, 세제지원을 감행했다. 우선 기업부터 살리기 위해, 근로자에게 저임금을 강요하는 한편, 이들이 저임금으로도 생활할 수 있도록 저물가, 저곡가 정책을 추진했다. 이리하여, 거대한 역사의 수레바퀴는 굴러가기 시작했고, 일단, 바퀴가 구르기 시작하자, 그 뒤에는, 웬만한 장애에 부딪쳐도, 이 바퀴를 멈추게 하기는 어렵게 되었다.

이런 것들이 총체적인 우리의 저력으로 굳어졌다. 어떤 사람은 자기가 집권했더라도 이 정도의 발전은 이룰 수 있었다고 말하기도 했지만, 나는 그렇게 생각하지 않는다. 그때 우리가 놓였던 상태를 명확히 인식하고, 우리 국민의 속성 중, 건설적인 특질을 밝힌 다음, 국력을 어떤 분야에 집중적으로 투입할 것인가를 아는 지도자가 나와야 했다. 이것은 아무나 나서서 될 일이 아니다.

만일, 사이비 지도자가 나서서 설쳤다면, 나라를 발전시키기보다는 역사를 크게 후퇴시켰을 것이다. 일에는 반드시 선후가 있다. 언젠가는 해야 할 일이지만, 순서를 잘못 가리면, 일을 오히려 그르치고, 혼란만 가중시키고 말 것이다. 정책에는 백% 옳은 정책도 없고, 백% 나쁜 정책도 없다. 언제나, 타당성은 50 대 50이다. 그 중 어느 것부터 시행할 것이냐가 문제인 것이다.

우리는 그동안 늘 위태위태 했다. 그런데도 불구하고 어찌어찌 운 좋게도 잘 굴러왔다. 그래서 나는 항상 생각해 왔다. 우리는 이웃을 잘 만났고, 시대를 잘 만났다. 그리하여 우리의 저력을 잘 살릴 수 있었다. 어떤 때는, 태어나서 한 번도 정상적인 일을 해보지 않은 사람이 나서서 억지 주장으로 판을 치기도 했고, 이 동안, 정당한 시민들은 침묵을 지켰다. 나라가 당장 망할 것 같았다. 그래도 우리는 결국 온전히 되살아났다.

그래서, 나는 우리 대한민국은 '요지경 속 세상'이라고 생각한다. 그래서 나는 말하고 싶다. '역동성을 빼고는 한국을 논하지 말라!'고.

명동 산책

명동은 젊은이들의 거리이다. 노인은 없다. 그래서 나는 이 거리가 좋다. 그들의 가슴에는 온갖 나라의 글자로 글씨가 그려져 있지만, 그중에는 'don't worry. be happy.'라고 인쇄된 셔츠를 입은 사람도 있다. 나는 그것을 보고 혼자서 한없이 기뻤다. 당장, 오늘 당면한 걱정거리를 가지고 있다면, 그것은 어쩔 수 없는 일이지만, 사람들은, 대체로, 내일 때문에, 오늘을 걱정으로 허송하는 일이 많다. 나도 그런 사람이었다.

사실 나는 언제나, 오늘보다는 내일을 걱정하며 살아왔다. 내일, 나는 어떤 사람으로 살아야 할 것이냐. 이것이 나의 걱정거리였다. 오늘 어떻게 살아야 하느냐, 이것은 나에게 있어 큰 문제가 아니었다. 조반석죽이면 어떠냐고, 생각하면서……. 그렇게 하여, 세월은 많이 흘러갔다. 어느덧, 이제는 저 세상으로 갈 날짜만을 기다리게 되었다. 그리하여 언제나 오늘조차도 제대로 살아본 일이 없었던 것 같다.

'인생의 목적이 무엇이냐'라는, 거창한 명제도, 지금 생각하니, 한낱 하찮은 넋두리처럼 느껴진다. 그것은 하나의 우연이었겠지만, 하필, 작년 내 생일날에, 나와 절친했던 친구 한 사람이 저 세상으로 떠나갔다. 문상하러 갔더니, 그 친구의 제자 한 사람이 나에게 약간 큰 수첩을 펴들고 와서는 몇 자 적어달라고 했다. 나는 이렇게 적었다. '여보시오! 살아보니, 별것 아니야'. 고인은 늘 좋은 부인에게 장가 간 것을 크게 자랑하던 사람이었다.

'don't worry, be happy.' 이 이상 가는 인생철학이 어디에 있겠는가. 나에게도, 그 친구처럼 하려면 자랑할 것이 전혀 없는 것은 아니었다. 다만, 그런 것을 자랑으로 삼을 줄을 몰랐을 뿐이다. 명동에는 심각한 표정의 얼굴은 없다. 즐거워서 죽겠다는 듯한 사람들 뿐이다. 젊은 카플들은 다정하게 손에 손을 맞잡고 다니며, 잠시 걸음을 멈출 때는 몸을 맞대고, 금방 키스라도 할 태세이다. 여성들도 길가에 나란히 서서 누구 눈치 안 보고 담배를 피우면서, 건너편 가게를 유심히 바라본다.

건너편 벽에는, 한류 가수 '장근석'의 대형 사진이 붙여져 있다. 그 옆 건물에는, '보아'와 '동방신기'의 대형 사진. 참으로 사진이 깨끗하기도 하다. 나는 우선, 이 광고 사진을 만드는 데 비용이 얼마나 들었을까를 생각하게 된다. 몇 년 전까지만 해도, 우리 기술로는 이런 선명한 대형 광고 사진은 제작하지 못 했을 것 같다. 세상은 참으로 많이 달라졌다.

그전에는 '명동', 하면, '시공관'이라고 불려지던 '예술극장'이 있고, 그 건너편에 '명동 파출소'가 눈에 띄었으나, 지금은, 그것이 그 자리에 있어도, 사람들의 눈을 끌지는 못한다. 주변이 너무나 화려해졌기 때문이다. 이 거리를 형형색색의 사람들이 지나간다. 금발머리 서양사람, 검은 아프리카계 사람들, 스카프로 얼굴을 반쯤 가린 이슬람 사람들, 이밖에 중국과 일본 사람들, 어떤 관광단은 안내원이 들고 가는 삼각형 깃발을 따라 간다. 한 뼘도 안 돼 보이는 환전 가게 앞에는 돈 바꾸려는 외국 사람들이 줄을 선다. 가만히 지켜보고 있노라면, 어떤 이는 한 가방 가득한 빨간 돈을 몽땅 바꿔 간다.

명소이던 '사보이 호텔'도 그 자리에 있긴 하나, 자세히 보지 않으면, 그것은 없는 것 같다. 호텔 1~2층 자체가 형형색색의 가게로 치장된 데다가, 호텔 간판도 거의 안 보이기 때문이다. 더군다나, 어둠이 찾아들면, 이 좁은 거리는 행상들의 행렬이 가운데 늘어서서 발 디딜 틈도 없게 된다. 장사꾼들의 호객 소리와 행인들의 와자지껄 떠드는 소리에, 정신이 아찔할 지경이다. 그러나 이것이야말로 사람 사는 거리 모습이 아니고 무엇이겠는가. 나는 이런저런 이유 때문에, 점심을 어디에서 먹든 간에, 커피만은 명동에서 즐기기를 좋아한다.

명동은 활기 넘치는 한국의 상징이다. 어떤 이는 말했다. 한국 사람들은 세 가지를 모른다고. 첫째는 자기들이 얼마나 잘 살고 있는지를 모르고, 둘째, 한국이 얼마나 위험한 대치 상황 속에 놓여 있는지를 모르고, 셋째, 이웃인 중국과 일본이 얼마나 대단하고 두려운 존재인지를 인식하지 못하고 있다는 것이다. 제3자가 보면, 중국도 일본도 다 무서운 나라들이다. 그런데도 우리는 그들을 우습게 본다.

일본은 며칠 전, 북한에 정부 특사를 보냈다. 이제는 중국과 미국, 그리고 한국의 눈치 안 보고, '독자외교'를 하겠다는, 아베 내각의 의지 표출이다. 일본은 그들의 국민이 김정일의 하수인에 의하여 자국 영토 내에서 납북되었으나, 이들을 구출하는 데 성공하지 못했다. 이제는 더 이상 미국에 기대지 않겠다는 것이 그들의 결심이다. 사실, 그들은 어느 나라보다도 북한의 목을 조르는 다양한 수단을 갖고 있다.

북한의 가장 큰 돈줄이던 조총련은 지금 자금조달능력이 고갈되어 본부 건물마저도 경매에 붙여져 있다. 최근의 경매에서, 일본의 한 친북 승려가 45억 1천 9백만 엔으로 낙찰을 보았으나, 잔금을 마련하지 못해 입찰보증금 5억 3천 4백만 엔이 몰수되는 것을 감수하면서 낙찰을 포기하여, 재경매에 붙여지게 되었다. 이 승려는 자기소유의 사찰재산을 담보로 융자를 받으려 하였으나, 은행들이 연 10%의 고금리를 요구하기 때문에 낙찰을 포기한 것이다.

나는 일본의 한 저명 평론가가 발간한 책을 몇 년 전에 읽었다. 저자는 쿠사카 키민도 라는 사람이다. 책 제목부터 과감한 것이었다. '미국에 기대지 않고도 끄떡없는 일본으로'라는 것이었다. 책 꺼풀에 감겨진, 책 안내에는 이런 글이 씌어 있다. '그러나 일단 유사시에는 일본엔 힘이 없다? 아니오, 그것은 정 반대입니다.' 이것이 오늘의 일본 여론이다. 우리는 그것을 알아야 한다.

일본은 만약 북이 탄도미사일에 연료를 장전하는 기미를 보이면, 선제공격도 주저하지 않겠다고 말해 왔다. 미국이 반대하더라도, 핵무장을 감행하겠다고도 말해 왔다. 내가 보기에 이것은 헛말이 아니다. 특히, 요즘, 중국이 오키나와 남쪽 센가쿠 열도의 영유권을 둘러싸고, 끈질기게 함정과 항공기와 잠수함을 파견하여 압박을 가해오자, 이런 여론이 대세가 되어가고 있다. 힘에는 힘으로 대응해야 하겠다는 것이다.

한편으로, 우리는 어떻게 되어 있는가. 박 대통령의 방미에 수행했던 청와대 대변인이라는 자가, 주미 한국대사관의 아르바이트 안내원인 우리 동포 여학생에게 부적절한 행동을 했다는 사실만 대서특필하면 모든 것이 끝나느냐? 그 밖에는, 할 일이 아무 것도 없느냐? 나는 이것을 반문하고 싶다.

'해고는 살인이다,' 라고 부르짖으며, 국민의 복지만 무한정으로 증진시키면, 정부의 할 일은 더 이상 없는 것이냐. '선명한 야당'만 부르짖으면, 야당의 역할은 다 끝나느냐. 나는 이것도 되묻고 싶다.

명동 산책을 나왔다가 결국, 내 버릇대로 우국론이 되고 말았다. 이것은 내 고질병이다. 분위기를 좀 바꾸어 부드럽게 이 산책을 마무리해 보자. 명동에는 '클래식 음악다방', 시인묵객들이 담소하고 글도 쓰던 '꽁초다방' 등 특색 있는 여러 다방들이 몰려 있었고, 여러 등급의 '바'들이 몰려 있었다. 유행가 제목에 '서울 야곡'이라는 것도 있고, '명동 블루스'라는 것도 있었다. 지금, 그 가사는 다 잊었으나, '서울 야곡'은 '봄비를 맞으면서 충무로 돌아설 때, 쇼 윈도우 글라스엔 한숨이 어렸다……', '명동 블루스'는 그 끝 부분이, '……명동의 블루스여……'라고 되어 있었다. 이제는 그런 한적한 느낌은 명동에서 찾을 수 없다.

북과 일의 '위험한 탱고'?

미·한·중과 전 세계가 설치한, 전 방위적인 포위망에 갇혀, 옴짝 달싹 못하게 궁지에 빠진, 북에게, 일본은 잽싸게 총리 특사를 보냈다. 북은 이 사람에게 그야말로 칙사 대접을 했다. 북에서는 김 정은을 뺀 사람 중 최고위층이라 할 수 있는 김영남과 '이이지마 이사오'라는 이름의 이 특사 사이에서 오간 대화 내용은, 차차, 밝혀지겠지만, 사실, 일본의 이번 대북 특사 파견은, 좋은 의미에서나 나쁜 의미에서나, 그 파장이 작지 않다. 어떤 평론가는 이를 가리켜 '위험한 탱고'라고 논평하기도 했다.

'이이지마'의 직함은 '내각 관방 참여'라고 되어 있다. '참여'라는 직위 명칭도 우리에게는 낯선 것이지만, 한 마디로 참여라고 해도, 그 직급은 다양할 것이다. 이 사람을 접대한 사람은 북의 '최고인민회의 상임 의장'이라 했다. 이 정도면, 북으로는 칙사 대접을 한 것이다. 그렇다면 우리는 '내각 관방 참여'라는 것이 어떤 직책인지를 알아둘 필요가 있다.

이이지마의 직속상관은 '관방장관'이다. 먼저, 관방장관이라는 직책 자체가 우리로서는 좀 낯선 이름이다. 그러나 관방장관은 보통 장관이 아니다. 그는 정부의 대변인이다. 매일 기자회견을 한다. 국내외에서 일어난 일들에 대한 일본정부의 공식견해를 직접 언론인들에게 공표한다. 그러나 이 일 외에도 중요한 일들을 한다.

세상에 그 모습이 드러내는 일은 거의 없지만, 그의 수하에는 '내각조사실'이라는 기관이 있다. 우리로 치면 국가정보원이다. 그러므로 관방장관은 우리의 국가정보원장을 겸하고 있는 셈이다. 또, 그는 국무회의에 상정할 의안을 미리 선택할 권리가 있다. 그뿐 아니라 국무회의의 사회를 보게 되어 있다. 더 중요한 업무가 있다. 지출을 해도, 영수증이 필요 없는, 내각의 비자금 금고를 가지고 있다. 따라서 그는 장관 중의 장관이다. 일본의 정치인은, 장차, 총리가 되려면, 내각에서는 관방장관, 당에서는 '간사장'의 경력을 필수적으로 쌓아야 한다. 이에 비하면, 우리의 대통령 후보는 오픈게임 출전자와 같다. 예선을 거치지 않고도, 아무나 선수가 될 수 있다. 어떻게 보면, 우리나라는 참으로 좋은 나라이다.

아마도, 이번에 북으로 파견된 '이이지마'는 '내각조사실' 소속일 것이고, 북한 문제 전문가일 것이다. 보도된 사진을 보면, 나이는 50대 후반 또는 60대 초반이며, 머리는 털이 없는 맨 머리, 체격은 당당하다. 결코, 만만한 인물로는 보이지 않는다. 한가락 할 사람 같다. 이 사람은 베이징을 거쳐 귀국한 다음, 북측과는 외교적 언사가 아닌, '혼네'로 말했다고 말했다. 일본말로 '혼네'는, 가식 없는, 솔직한 의견이라는 뜻이다. 그러므로 북측도 틀에 박힌 '연설'만 하지는 않았을 것이다.

어쨌든, 이번의 특사파견 타이밍은 절묘했다. 그러나 이것이 철통 같던 한·미·중·일의 대북 공조태세에 찬물을 끼얹은 것도 사실이다. 이것이 '위험한 탱고'로 끝날지, 국면의 중요한 전환점이 될지는 두고 볼 일이다. 아베 내각의 사활이 걸렸다고 할 수도 있고, 아무 것도 얻지 못했다고 하더라도, 밑질 것도 없는 흥정일 수도 있다.

혼란의 본질, '국경 없는 시대'

오늘날 세계를 둘러보면 혼란을 겪지 않은 곳은 없다. 미국도 그렇고, EU도 그렇고, 중국도 그렇고, 중동지역도 당연히 그렇다. 우리도 안보와 경제와 이념의 문제를 둘러싸고 극심한 혼란을 겪고 있다. 차라리, 동서가 대립하고 있던 옛날이 그리워진다. 그 시절에는 동서간의 대립이 극심하여 그 밖의 문제들은 큰 이슈로 부각되지도 못하고 있었다. 다만 잠재하고 있었을 뿐이다.

그러면, 지금 당면한 전 세계적인 혼란의 본질은 무엇인가. 그것을 밝히기 위해 당대의 내노라 하는 선지식들이 총동원되고 있다. 그 대표적인 예가 이른바 '프로젝트 신디케이트(Project Syndicate)이다. 프로젝트 신디케이트는 체코 공화국의 수도 프라하에 본거를 두고, 세계 각국에서 존경받고 있는 지도자와 지식인들이 집필한 독창적인 논설들을 모아, 1백 52개국, 4백 88개지에 무료로 배포하고 있는 국제적인 비영리단체(NPO)이다.

사용되는 언어는 영어를 비롯하여, 아랍어, 중국어, 네덜란드어, 프랑스어, 독일어, 이태리어, 포르투갈어, 러시아어, 스페인어와 체코어이다. 나도 그중 16편을 읽어보았으나, 쉽사리 이것이 그것이다라는 해답을 얻을 수 없었다. 문제의 본질은 여전히 모두 안개 속이었다.

그래서, 나는, 천학비재를 무릅쓰고, 용감하게, 내 나름대로, 우리가 겪고 있는 혼란의 본질을 거론해 보고자 한다. 왜 그렇게 할 수밖에 없느냐. 각국이 한결같이, 일제히, 혼란을 겪고 있으나, 혼란의 원인은 모두 다르다. 그러므로 우리는, 우선, 우리문제의 핵심부터 짚어나갈 수밖에 없다고 생각되기 때문이다.

원래, '본질'이란 '그것 없이는 그것이라고 할 수 없는 그것'이다. 나는 우리에게 있어 가장 큰 혼란의 본질은, 우리의 식자들이 이 시대의 본질을 잘못 알고 있다는데 있다고 생각한다. 시대가 크게 달라져 있는데도, 그전 생각, 19세기적, 20세기적 생각으로 오늘을 재단하려 하고 있다. 그렇다면, 이 시대는 어떤 시대인가. '국민국가'의 시대는 지나가고, '국경 없는 시대', 'borderless 의 시대'에 살고 있다는 현실을 직시해야 한다.

21세기가 국경 없는, 글로벌의 시대라면, 그 이전의 시대는 사람들이 국경이라는 높은 장벽에 갇혀 살던 '국민국가', '주권국가'의 시대였다. 국민국가들은 국경이라는 높은 장벽을 둘러치고, 사람과 돈과 물건의 출입을 막고 있었다. 외국으로 마음대로 나갈 수도 없고, 돈과 물건이 마음대로 국경을 넘나들 수고 없게 되어 있었다. 국경은 운명이었다.

그러나 지금은 다르다. 국경은 있기는 하나, 이것은, 이미, 사람들의 운명을 좌우할 정도로 강력한 장벽은 아니다. 마지막까지 위력을 떨치던 관세장벽도 이제는 허물어져 가고 있다. 국가 간, 지역 간 협약에 의해 관세장벽은 철폐되어 가고 있다. 사람들은 비자 없이도 남의 나라에 갈 수 있고, 돈은 인터넷으로 순식간에 국경을 넘어간다. 이것은 참으로 놀라운 변화이다.

그러므로 어떤 나라도 자기들 마음대로 자국의 정책을 선택할 권리도 없어지게 되었다. 그렇기 때문에 어떤 나라의 국민이 자국의 대통령, 또는, 정부에게 어떤 요구를 한다 해도, 대통령과 정부는 국민들의 요구를 다 들어줄 수도 없는 세상이 되었다. 이제는 독립 (independent)의 시대가 아니라 상호의존(interdependent)의 시대이기 때문이다. 심지어, 어떤 나라가 자국 내에서 국민의 인권을 과도히 유린하고 있다면, 다른 나라는 이것을 중지하도록 간섭을 하게 된다. 자국 내에서 공해를 과다하게 유발하는 산업을 운영하고 있다면, 이것은 국제제재의 대상이 된다.

따라서, 우리는 독립 주권국가이기 때문에, 당연히, 핵폭탄을 보유할 권리가 있고, 이를 전쟁의 도구로 사용할 권리가 있다, 자유선거를 실시하지도 않고, 3대 세습을 강행해도, 다른 나라가 간섭할 권리가 없다, 이런 주장은 당연히 구시대적 발상이다.

그런데도 불구하고, 우리의 일부 종북세력들은 이러한 구시대적 행태를 감행하고 있는 북에 대하여 일정한 이해를 표시하면서, 스스로를 '진보주의자'로 자부하고 있다. 내가 보기에 이들은 진보주의자가 아니라, 시계바늘을 거꾸로 돌려서, 구시대로 되돌아가고자 하는, '퇴보주의'자들이다. 우리 국내의 종북 세력들뿐 아니라, 이런 행패를 부리고 있는, 북의 권력실세들은 세상이 어떻게 돌아가고 있는지를 모르는, 시대착오적인 인간들이다. 그들은 핵폭탄과 경제발전을 동시에 이뤄내겠다고 떠들고 있다고 하나, 이것은 한낱 백일몽이다. 경제건설을 하려면 당연히 국경을 허물어야 하며, 자국 인민뿐 아니라 외국인에게도 출입의 자유를 허용해야 한다. 이 것을 모두 거부하고 고립주의를 고수하면서 어떻게 경제건설을 하 겠다는 말인가.

북 뿐 아니라, 우리의 정치도 크게 달라져야 한다. 입이 있다고 말을 함부로 내뱉을 것이 아니라, 자기가 하는 말이 새 시대에 적 합한 말인가를 먼저 생각해야 한다. 정치는 정당이나 정치인의 편 리를 위해 있는 것이 아니다. 선거에서 표를 많이 얻는 데 유리하 다고 해서, 복지향상만을 외칠 것이 아니라, 자기가 대통령이 되었 을 때 이를 실행할 수 있겠는가, 없겠는가를 먼저 생각해야 한다.

어떤 정당은 '해고는 살인이다, 정리해고 분쇄하자'라는 주장을 하고 있다. 어떤 기업가가 '살인'을 하고 싶겠는가. '정리해고'를 하 고 싶겠는가. 만약, 이런 주장이 만연한다면, 우리 기업인들은 국 내에서의 기업 활동을 포기하고, 외국으로 터전을 옮길 것이다. 그 렇게 된다면 우리 근로자들도 외국으로 같이 따라갈 수 있겠는가. 못 따라간다면, 아예 취업할 기회조차도 놓치게 될 것이다. 얼핏 생각하기에 달콤한 말도, 결과적으로는 근로자의 목을 스스로 조르 는 말이 되고 말 것이다.

복지만 하면, 정부의 할 일은 다 하는 것이냐. '요람에서 무덤까 지'(from cradle to grave!) 이것이 복지국가 영국의 슬로건이었다. 그러다가 마침내 이른바 '영국병'을 앓게 됐다. 사람들은 스스로 일 을 하려는 의욕을 잃고, 모든 것을 정부에만 의존하게 되었다. 이 러다간 나라가 망한다. 그래서 마가렛 대처 수상이 나섰다. 그런 결과, 영국은 겨우 '영국병'에서 깨어날 수 있었다. 오늘날, EU의 여러 나라가 겪고 있는 위기는, 이들이 뒤늦게 영국식 복지국가를 지향하다가 유발한 춘사이다.

'선명 야당'을 하겠다고 하는 사람들도 있다. 그럴듯한 말이다. 그러나, 자기의 정책은 제시하지 못하고, 정부와 여당에 대하여 '선명'하게 반대만 하면, 야당의 임무는 다 하는 것이냐. 이런 야당에게, 과연, 국민의 지지표가 모이겠는가. 한국국민은, 결코, 멍청한 국민이 아니다. 알 것은 다 알고 있다. 당자가 아무리 시치미를 뗀다 하더라도, 누가 협잡을 하다가, 얼마를 국고에 환수 당했는가도 알고 있고, 누가 거짓말 전문인가도 다 알고 있다. 더군다나, 지금은 영상의 시대이다. TV 화질이 너무나 선명하기 때문에, 사람들의 표정까지도 읽을 수 있게 되어 있다. 누가 부도덕한 사람인가도 다 알고 있다. 그러므로 앞으로 정치인들은 국민을 얕잡아 보고 함부로 정치를 하려 해서는 안 될 것이다.

언론인들도 태도를 크게 바꾸어야 한다. 누가 그런 말을 했다고 해서, 그대로 옮기는 것이 언론자유냐를 생각해야 할 것이다. 온갖 사람이, 온갖 말을 다 한다고 하더라도, 어떤 말이 이 시대에 통용될 수 있는 말인가를 먼저 따져보아야 할 것이다. 정부의 규제가 없더라도, 어떤 보도가 국익 신장에 도움이 되는 말인가를 먼저 따져보아야 할 것이다. 우리가 주책없이 나가면, 세계가 우리를 깔볼 것이다.

국민 개개인도 획기적으로 달라져야 한다. 정부를 향하여, 무리를 지어, 떼를 쓰면, 대가를 얻을 수 있다고 생각해서는 안 될 것이다. 어떠한 경우라도 자기가 정리해고의 대상이 안 되는 사람으로 성장해 있어야 할 것이다. 외국의 대기업들도 수지가 안 맞으면 공장 문을 닫고 있다. 어떤 기업인이 우수한 사원을 정리해고 할 것이냐. 만일, 우수한 사원이 될 능력이 없다면, 낮은 대우를 감수해야 할 것이다.

송나라 때 시인 소동파 집안에 소노천이라는 사람이 있었다. 이분은 길이길이 후세에 남을 명구를 남겼다. '한 나라는 한 사람으로써 흥하고, 한 사람으로써 망한다,' 고. 여기서 말하는 '한 나라'가 어찌 국가뿐이겠는가. 회사도 한 나라요, 한 부서도 한 나라다. 한 프로젝트도 한 나라이다. 그 한 사람이 있으면 그 일은 흥하고, 그런 사람이 없으면 그 사업은 망한다. 이 말은 동서고금을 통하여 움직일 수 없는 진리이다.

사회에는, 끌고 가는 사람이 있고, 따라가는 사람이 있다. 끌고는 가지만 잘못된 방향으로 끌고 가는 사람도 많다. 우리 개개인이 먼저 자기 자신이 어떤 사람인가를 자성해야 한다. 그리하여 푼수를 지켜야 한다. 요즘은 스마트 폰의 시대이다. 어떤 이는 '스마트 폰이 똑똑해지면 사람은 멍청해진다', 고 경고했다. 특히 우리의 젊은이들은 스마트폰 중독에 걸려 자성의 기회를 놓치고 있지 않은지 걱정이 된다.

어쨌든, 우리는 위에서 말한 그 '한 사람'이 되어야 한다. 그렇게 된다면, 우리는 세계를 향하여 떳떳이 전진할 수가 있게 될 것이다.

이 국경 없는 시대, 그리고 그 뒤

이태리 북부지역에는 이른바 '북부동맹'이라는 정치세력이 있다. 북부에는 이태리 제2의 도시인 밀라노가 자리 잡고 있다. 수도는 남부에 있는 로마이지만, 이태리의 경제중심지는 북부에 있는 밀라노이다. 이 지역에서는 자동차도 이태리산인 피아트보다는 벤츠, BMW 등 독일차가 더 잘 팔리고, 극장에서는 이태리 작곡가보다는 베토벤이나 바하 등 독일 작곡가들의 음악이 더 자주 연주된다. 거리에는 독일은행의 간판들이 더 많이 눈에 띈다. 사람들은 이 지역이, 일찍이, 합스부르크 제국의 영토였다는 사실을 더 자랑스럽게 여기고 있다.

이 지역 사람들의 이런 정서는 한낱 가십 거리로 넘길 일이 아니다. 지금 같은 국경 없는 시대의 그 다음에 올 세계의 새 질서에 대한 큰 시사점이 내포되어 있다고 보아야 할 것이다.

'합스부르크 제국'이나, 그 이전의 '신성로마제국'은 모두 독일민족이 주축이 된 유럽의 광역국가였다. 중세의 유럽은, 현재와 같은 명확한 국경을 가진 국가들이 아니라, 여러 봉건 제후들의 영지를 아우르는, 지역의 명칭이었다. 영주들은 저마다 이 나라 저 나라에 작은 영토를 가지고 있어, 어느 지역이 독일인지, 어느 지역이 이태리인지 분간할 수 없는 상태였다.

독일이라는 국가의 국경이 지금과 비슷하게 그어진 것은 지금으로부터 불과 1백 30여 년 전, 프로이센의 '철혈재상' 비스마르크 (Otto von Bismarck, 1815~1898)의 작품이었다. 따라서 어떤 나라의 어떤 지방 사람들의 정서와 가치관이, 그 나라의 국경을 넘어, 다른 나라사람들과 일치한다고 하더라도 하등 괴이할 것이 없는 현상이라 할 것이다.

더군다나, 지금 독일인들은 통일된 독일영토에만 사는 것이 아니라, 인접 각국에 광범위하게 분포되어 있을 뿐 아니라 EU의 주도권은 독일이 확실하게 장악하고 있다. 그러므로 인접국가에 살고 있는 독일계 국민뿐 아니라, 독일 내의 독일인들도, 무언중에, 과거 자신들이 지향하던, 합스부르크 제국적, 신성 로마제국적, 광역질서의 재학립의식을 포기할 수 없을 것이다. 이것은 '중구(中歐, Mitter Europa) 의식'이라고 표현되고 있다.

EU에서 독일이 확실한 주도권을 확립한 사태에 대하여 일부 학자들은 일찍이 카에사르, 나폴레옹, 히틀러가 강력한 군사력으로도 달성하지 못한 일을 독일의 여자 수상 메르켈이 해냈다고 말하기도 한다. 그러면서 메르켈을, '군주론'을 쓴 마키아벨리에 견주어, '메르키아벨리'라고 명명하기도 한다.

눈을 잠시 돌려, 아시아를 살펴보자. 옛날이나 지금이나, 아시아에서 압도적인 볼륨을 보이고 있는 나라는 중국이다. 이 나라는 유럽에서 독일이 차지하고 있던 비중과는 천량지차가 있다. 땅 넓이뿐 아니라, 인구에 있어서도 압도적이다. 지금도 중국의 인구는 13억인지 그 이상인지 아무도 모른다. 그 나라에 인접해 있는 많은 나라들은 모두 이른바 '한자 문화권'이다. 원래 이 나라는 국경이라는 개념이 박약한 나라였다. 그들의 변두리에 있는 나라들은 '신강' 또는 '변강'이라 불러왔다. '신강'이란 새로 자기나라에 편입된 '강토', '변강'이란 변두리에 위치해 있는 자기나라 영토라는 뜻이다.

중국이 자기나라에 안주하고 있던 동안에는 그들이 세계를 어떻게 보아왔던 상관없는 일이었다. 그러다가 등소평이 등장해서 탈이념적인 방향으로 국가건설을 해 나가다가 드디어 세계 제2의 경제대국이라는 위치에 올라서자, 사태는 달라지기 시작했다. 도처에서 새 땅 찾기에 나섰다. 일본과도 국경분쟁을 일으키고 필리핀과 베트남과도 분쟁을 일으키고 있다. 그것도 말로만 하는 것이 아니라, 군함과 항공기와 잠수함까지 동원해 가면서 일을 키우고 있다. 그전에는, 외국이란, 그들에게 존경을 표시하고, 조공이나 바치는 나라로 생각하는데 그쳤으나, 이제는 그들 주변 국가들이 모두 자기나라 영토 안에 속해 있다고 생각하게 되었다. 이러한 그들의 강토의식이 성공할 수 있을지 없을지는 아직 미지수이다.

최근에, 중국의 일부 학자들은 센카쿠열도 뿐 아니라 오키나와도 자기들의 영토라는 주장을 펴고 있다. 오키나와가 일본에 편입된 것은 극히 최근의 일이었고 그 이전에는 '유구왕국'이었다. 유구국은 사실상 중국의 일부였으므로 오키나와는 중국 것이라는 논리이다.

임오군란을 수습한다고 조선에 파견됐던 원세개는 군란의 배후에 대원군이 있다는 사실을 발견하고는 대원군을 청나라의 보정부로 납치했다. 이때, 원세개는 대원군에게 이렇게 물었다. '조선왕을 황제(청나라)가 책봉했다는 사실을 아는가', 고. 대원군이 '안다'

고 답변하자, 그대는 황제가 책봉한 조선왕에게 반역했다. 이것은, 결국, 황제에게 불충을 저지른 것이다. 그러므로 황제 앞에 가서 용서를 빌어야 한다는 것이었다. 만일, 청일 전쟁에서 일본이 패배했다면, 조선은 확실히 청나라의 일부로 전락하고 말았을 것이다.

결국, 중국에게는 외국이란 개념이 없었다. 이웃나라가 친선을 맺고자 선물을 들고 찾아오면, 그 나라는 결국 청나라의 것이 된다고 생각했다. 중국은 온 세계를 지배하는 대국이지 어떤 특정 지역에 국한되는 나라가 아니라는 것이었다. 이러한 대국의식이 잔존하는 한, 중국이 21세기적 외교에서 성공하기는 어렵다.

그러나 중국은, 점차, 세계의 미움을 사는 나라가 되어가고 있다. 자원 확보를 위해 무차별적인 공격을 일삼고 있다. 미, 일을 비롯하여 각국의 컴퓨터에 침입해서 핵심정보와 핵심기술을 훔치는 해커 부대를 운영하고 있다. 이러한 그들의 안하무인적인 행태는 머지않아 각국의 심각한 반격의 대상이 될 것이다.

우선, 일본이 강력히 반발하고 나섰다. 세계는 이른바 일본의 '아베노믹스'가 경제적으로 성공할 수 있느냐의 여부에만 관심을 보이고 있으나, 내가 보기에, 이것은 단순한 경제 활성화만을 목적으로 하는 움직임이 아니다. 일본이 앞으로 아시아에 등장할, '중화제국'의 한낱 변두리 국가로 전락할 것인가, 아닌가, 를 거는, 거국적인 몸부림이다. 사실, 일본은 중국이 깨어나기 이전에는, 재빨리 서구적인 근대적 국민국가를 건설하여, 중국보다는 훨씬 더 선진적인, 아시아의 맹주였다. 이것이 위협받고 있는데 대하여, 일본이 반발하고 나선 것이다.

그렇다면, 앞으로 우리 대한민국의 위치는 어떻게 될 것인가. 우리는 국민의 복지향상과 경제민주화만을 부르짖을 것이 아니라, 이 문제에 대한 확실한 미래상을 그리고 있어야 할 것이다.

우리는 옛날과는 확실히 다른 나라가 되어 있다. 유럽의 여러 나라들이 봉건제후국가에서 근대적인 국민국가로 탈바꿈할 때까지는 깊은 잠을 자고 있었다. 그러다가, 아무 대비 없이, 청나라와 러시아와 일본 간에 벌어진, 치열한 무력전쟁의 전장이 되었다. 청일전쟁은, 우리나라에서 확실한 종주권을 행사하고자 하는 청나라와, 새로, 우리나라를 자국의 영토로 삼고자 하는 일본제국 간의 전쟁이었다. 러일 전쟁은, 그 다음에 등장한 러시아제국과 일본이 한반도의 지배권을 둘러싸고 감행한 혈투였다. 만약, 우리가 여전히 미래에 대한 아무런 대비 없이 이대로 나간다면, 모처럼 얻은 우리의 번영과 행복은, 어느 날 갑자기, 또 다시, 물거품이 되고 말 것이다.

우리는 나날이 변해가는 국제정세의 핵심을 꿰뚫어 보며, 신중히, 우리의 태세를 가다듬어야 할 것이다. 결코, 경거망동해서는 안 된다.

그렇다면, 우리의 당면과제는 무엇인가. 우선, 시대착오적인 종북, 좌파들의 발호를 막는 제도적 장치를 마련해야 한다. 이들은 우리가 힘들여 쌓은 민주주의와 언론자유라는 방패 뒤에 숨어 망국적인 언동을 계속하고 있고, 이것은, 결국, 국론분열을 씨앗을 뿌릴 것이다. 이것을 단호히 배제할 제도적 장치를 시급히 마련해야 한다. 이제는 이북 빨갱이들보다 이남 빨갱이들이 더 문제다. 정가에서는 심심치 않게, 개헌론이 제기되고 있고, 개헌론의 핵심은 대통령의 5년 단임제를 철폐하는데 두어지고 있다. 그것도 좋지만, 나는 그런 개헌보다는 종북적 언동, 종북적 결사의 금지법 제정이 선행되어야 한다고 생각한다.

언론 미디어 종사자들도 의식개혁을 해야 한다. 좁은 국내정치적 안목으로, 정권 향배에만 보도의 초점을 맞출 것이 아니라, 국민의 눈을 해외로 돌리는 노력을 더 많이 기울여야 한다. 우리의 신문 방송을 아무리 보아도, 새로 떠오르는 아프리카를 다루는 매체는 없다. 드라마도 천편일률적으로, 부자간, 고부간의 갈등만 주로 다룬다. 이것은 국민의식을 퇴화시키는 촉매제가 될 뿐이다.

국내의 이른바 국제학교에 자녀를 입학시킨 것이 뭐 그리 용서받을 수 없는 대단한 중죄라는 것이냐. 국제적인 감각을 가진 자녀를 키우려면 꼭 외국에 가서 공부시켜야 한다는 것이냐. 나는 이런 좁은 시각으로 우리국민을 지도하는 것은 크게 잘못된 처사라고 생각한다.

결국, 우리의 기상이 진취적으로 전환되고, 우리의 내부결속만 이루어지면, 우리는 우리의 미래를 크게 걱정하지 않아도 된다고 나는 생각한다.

역사적으로 보더라도, 우리를 잘못 건드린 나라들은, 결국, 다 망했다. 중국의 '수'나라는, 처음에는 강대하였으나, 고구려에 잘못 쳐들어왔다가 단명으로 끝났고, 청나라와 거대했던 러시아제국도 한반도를 집어삼키려다가 내부에서 혁명이 일어나 망하고 말았다. 일본제국도, 일시, 한반도 침략에 성공했으나, 내친 김에 중국 전역으로 전선을 확대하다가 결국 패망했다. 우리를 잘못 건드리면 어떤 나라도 살아남지 못한다는 것이 역사의 교훈이다.

사람들은 자기 뜻대로 안 된다고 아우성을 친다. 정부를 향하여, 대통령을 향하여, 막말을 하고, 삿대질을 하고 있다. 그러나 그것을 국가가 만능일 때나 통하던 낡은 처신이다. 국가들은 오랫동안 복지국가를 지향했지만, 이제는, 그 궤도를 수정하지 않을 수 없는 단계에 이르렀다. 국경이 없어져 가고 있고, 돈과 사람과 물건이 마음대로 국경을 넘나들고 있는데 어떤 나라가 자기들 마음대로 금융과 재정정책을 수립해서 자국의 경제를 운영할 수 있느냐.

국방도, 안보도, 인권도 일국의 마음대로는 유지될 수 없다. 이제는, 독립의 시대가 아니라, 상호의존의 시대이다. 우주공간에는 수없이 많은 인공위성들이 다른 나라를 24시간 들여다보고 있다. 우물 안 개구리는 살아남지 못한다. 시대에 걸 맞는 생각을 하자.

우리 헌법에는 '국민주권'이 강조되어 있다. '대한민국의 주권은 국민에게 있고, 모든 권력은 국민으로부터 나온다' 고 적혀 있다. 그렇다면, 국민은 어떤 사람이냐. 아무나 국민은 아닐 것이다. 국민다운 사람만이 국민일 것이다. 아예 애국심이 없는 사람도 국민이냐. 이것을 분명히 하여야 한다.

21세기는 강대국만이 판을 치는 세상이 아니다. 남의 나라에 먹히지 않을 만큼의 실력을 갖춘 '강소국'도 얼마든지 살아남을 수 있다. 우리는 대단히 우수한 민족이다. 남북을 합친다면, 인구로도 결코 작은 단위가 아니다. 자신을 갖고 열린 가슴으로, '하나로, 세계로, 미래로' 가자.

'자본주의 대 자본주의'

오늘날 지구상에서 자본주의 아닌 나라는 하나도 없다. 다만, 북한만은 예외이다. 북한이 예외라고 했지만, 굳게 문을 걸어 잠그고 있는 그들을 제대로 된 현대적인 국가라고 할 수 없다. 공산당 1당 독재를 지금도 그대로 계속하고 있는 중국도, 베트남(Socialist Republic of Viet Nam)도 경제만은 자본주의 시장경제로 가고 있다. 다만, 자본주의 시장경제라 하지 않고 '사회주의 시장경제'라 부르고 있는 것이 다를 뿐이다. 그러나 그들이 뭐라고 자칭하건 간에, 시장경제는 시장경제이며, 자본주의 경제이다.

그리고 더 중요한 것은 지구상의 시장이 오직 하나라는 사실이다. 오늘날, 사람도, 물건도, 돈도, 모두 국경을 초월하여 자유롭게 오간다. 그러므로 시장은 하나이다. 그러나 이 하나의 시장을 지배하는 자본주의는 하나였느냐, 하면, 그것은 그렇지가 않았다. 크게는 둘이었다. 하나는 '미국식 자본주의', 또 다른 하나는 '독일식 자본주의'로 양분될 수 있었다. 나라에 따라 미국식에 가까운 자본주의를 내건 나라도 있고, 독일식에 가까운 자본주의를 시행하는 나라도 있었다. 그러다가, 21세기로 접어들자, 전 세계가 온통 미국식 자본주의로 개종하는 추세로 변화하였다. 이것이 좋은 징조였던가는 아직도 미지수이다. 지금, 미국에서 발원하여 온 세계가 겪고 있는 천하대란은 실은 이 두 개의 자본주의가 미국식 자본주의로 일색화 하는 데서 비롯된 것이기 때문이다.

나는 일찍이 노동법을 좀 공부한 일이 있었다. 나는 그때 서독의 기업들이 노동조합을 경영에 참여시키는 것을 보고 크게 놀랐다. 이른바, '노사 공동 결정제' 였다. 회사의 이사회에도, 감사회에도, 노동조합 대표가 참가하는 것을 보고 크게 놀랐다. 노동조합은 노동조합이고, 경영자는 경영자이지, 어찌, 이해가 크게 대립되는 두 세력이 한자리에 앉아 '경영 문제를 공동으로 논의할 수가 있는가. 이래가지고도 경영이 제대로 되겠는가, 하고 의심했다.

이 문제를 우리나라의 경영자들에게 물어 보았더니, 그것은 천부당만부당한 일이라고 일소에 붙였다. 경영에는 누구에게도 말할 수 없는 기업비밀이라는 것이 있는 법인데, 이것을 노동조합에 다 털어내 놓고는 하루도 기업을 유지할 수가 없다는 것이었다.

노동조합 간부들에게 물어봐도 답은 마찬가지였다. 노동조합은 노동조합대로 자기의 주장을 하고 이를 관철시켜야지, 무모하게 경영에 참여하였다가는 경영자들에게 말려들어 우리의 선명성만 손상될 뿐 이익될 것이 아무것도 없다는 것이었다.

사실, 이것은 독일의 역사와 관련이 있었다. 서독은 2차 대전을 겪고 난 뒤 아무 것도 없는 잿더미 속에서 산업을 부활시켜야 했다. 오직 가진 것은 기술적 노하우와 일자리를 찾아 거리를 방황하는 실업자들뿐이었다. 그들에게 절대로 필요한 것은 자금이었다. 증권시장이 있을 리 없었다. 돈은 은행에서 빌릴 수밖에 없었다. 그래서, 은행은 그들에게 유일한 구세주였다. 우리는 아시다시피 지금 아무것도 가진 게 없습니다. 은행에서 빌린 돈으로 앞으로 취득할 모든 재산을 미리 담보물로 내놓겠으니, 오직 사업계획만 보고 신용대출을 해 주십시오, 했다. 이른바, 후취담보이다, 은행이 좋다고 했다. 이리하여, 독일에서는 은행이 기업을 장기적으로 보살피고 지원하는 체제가 수립됐다. 나중에 증권시장이 형성되었지만 그것은 부차적인 존재였다. 경영자들은 주가의 등락에 일희일비하지 않고, 장기적인 기술투자와 안정적인 고용관계 유지에 성공할 수 있었다. 노사공동결정제도도 이러한 안정적인 경영기반을 모태로 성립될 수 있었다.

기업은, 경영자의 것도, 은행의 것도, 주주들의 것도, 노동자들의 것도 아니었다. 일종의 공공의 재산이었다. 경영이 잘 되어야 모든 사람이 잘 살 수 있었다. 노사공동결정을 못할 이유가 없었다.

한편, 미국은 사정이 달랐다. 나라가 온통 잿더미가 된 일도 없었다. 자본가는 여전히 자본가였고, 경영자는 경영자였으며, 노동자는 노동자였다. 노동조합은 점점 더 강성노조가 되고, 은행보다는 증권시장의 영향력이 커져 갔다. 일본제 자동차가, 미국의 자동차공업을 밀어내고, 미국에서 강세를 보이게 된 이유는, 자동차의 주원료인 철강을 공급하는 미국 제철공장노조가 너무 세어져서 철판가격을 내릴 수 없었던 데 기인한다. 일본은 자동차의 생산원가를 낮추기 위해 조립공장의 로봇화를 꾸준히 시행했으나, 미국의 자동차노조는, 노동자의 취업기회를 박탈한다고 하여, 이를 반대하였기 때문에 제품의 코스트 경쟁에서 밀려났다.

경영자들도, 증권시장을 의식하여, 장기적인 투자유치를 기피하고, 단기적인 흑자 시현에 중점을 두게 되었다. 그러고는 고액의 성과급을 챙기고는 미련 없이 회사를 떠나갔다. 증권업자들은 증권업자들대로, 옥상 옥으로 자꾸만 신상품을 만들어, 투기자들을 유혹하여 이익을 챙겼다. 주주들은 한 번도 그 기업에 가본 일이 없는 투기꾼들이었다. 주식이 오른다 싶으면 내다팔고, 내린다 싶으면 사두면 그만이었다. 기업자체도 거래의 대상이지, 그 이상도, 이하도 아니었다. 이것이, 미국 제조업 후퇴의 배경이었다.

독일이나, 일본에서는 기업이 소송을 일으킨다는 것은 극히 예외적인 일이었으나, 미국은 그렇지가 않았다. 미국은 변호사 천국이다. 경영자들은 전전긍긍하면서 경쟁사의 흡수합명 기도에 대비하여야 했고, 이러는 사이, 변호사들은 병 주고, 약 주는 기술자들이었다. 부자가 되려면 세 가지 방법밖에 없다. 탁월한 생산기술을 가졌거나, 흡수합병의 전문가이거나, 유능한 투기꾼이거나 해야 한다. 탁월한 생산자가 되기는 대단히 어렵다. 그러므로 투기 전문가가 되거나 흡수합병의 전문가가 되는 것이 가장 가까운 길이다. 우리나라에서도 큰 부자가 되려면 본연의 사업에 몰두하기보다는 땅투기꾼이 되는 것이 부자 되는 첩경이었다.

전문 경영자들도 묵묵히 경영에 종사하기보다는 언제나 자기의 사회적 평가를 높이는 이미지 다듬기에 더 신경을 써야 한다. 경영자는 과묵한 일꾼이 되어야지 쇼맨이나 탤런트가 되어서는 안 된다. 그들마저 떠벌이 탤런트가 된다면 그 사회는 온전한 사회가 아니라고 할 것이다. 이리하여 천하대란은 올 것이 온 것이라고 할 수 있다.

따지고 보면, 경쟁을 바탕으로 한 시장경제 위주, 복지지출 축소, 감세정책 등은 어제오늘 시작된 것이 아니다. 미국의 레이거노믹스(Reaganomics), 영국의 대처리즘(Thatcherism)이 그 연원이었다. 모두 1970년대부터 시작되었다. 정부의 복지정책에 편승하여 무기력해진 국민의 사기진작을 꾀하고, 활기가 넘치고 강력한 나라를 만들어 나가야겠다는 결의로 시작되었다.

경쟁을 가로막고 있는 여러 규제는 풀고, 세금은 줄여, 기업의 활기를 불러일으킨다는 취지로 시작되었다. 당시로는 모두 타당한 조치들이었다. 그러나, '인생에 정답은 없다'이던가. 그 결과는 이 책의 전항에서 잠시 언급한 것처럼 저마다 자기의 이익만 챙기는 '천민자본주의'로 흐르는 결과를 낳고 말았다.

우리나라에서도 이 영향을 받아, '시장에 맡겨라', '규제철폐'가 만병통치약처럼 소리 높이 외쳐졌다. 규제철폐, 옳은 말이다. 그러나 이것을 외치는 대기업들은 과연 규제철폐 속에서 자라왔던가. 여러 번에 걸친 정부의 경제발전 5개년계획 덕택으로, 신규업체 진입의 금지, 저임금, 저금리, 저물가, 저 환율정책의 보호막 속에서 자라온 재벌이 아니던가. 그들이 모두 커질 대로 커진 지금 와서, 규제철폐를 부르짖는 것은 '개구리 올챙이 적을 모른다'는 속담 그대로가 아닌가, 의심된다.

이제, 미국도, 세계도, 우리나라도 '규제철폐', '시장경제 제일주의' 만을 외칠 수는 없게 되었다. 은행에 막대한 공적자금이 투입된 이상, 규제철폐는 그 답이 될 수 없다. 세계는 새로운 전환기를 맞이했다.

세계경제가 회복되려면, 맨 먼저, 미국이 달라져야 한다. 우리도 달라져야 한다. 다른 나라도 달라져야 한다. 모두가 동시에 일제히 달라져야 한다. 달라지려면 먼저, 의식부터 달라져야 한다. 달라질 때, 먼저 공직자와 정치인부터 달라져야 한다. 공정하고, 청렴결백해야 한다. 우리에게 그런 결의가 있는가. 지나온 좌파정권 때를 돌이켜보자. 그들은 입으로는 그럴듯한 소리를 하면서도, 내실은 너무나 부패해 있었다. 이 뿌리를 뽑으려면, 앞으로 몇 년이나 걸릴 것인가.

본란에서 표제로 내세운 '자본주의 대 자본주의'(Capitalisme Contre Capitalisme)는 프랑스의 금융전문가 미셸 아르베르(Michel Albert) 씨의 책이름에서 따왔다. 그러나, 나는 그의 문제의식에 공감하였을 뿐, 그 내용을 여기에 인용하지는 않았다. 이 글은 전적으로 나의 견해이다. 이 책을 이미 읽은 분들도 많겠지만, 아직 못보았다면 일독을 권하고 싶다.

'국민'과 '인민'의 거리

어느 신문 독서 란의 소개에 이끌리어, 지금 중국 최고의 베스트셀러 작가라는 샤먼(廈門)대학교의 이중텐(易中天) 교수를 알게 되었다. 나는 먼저 그의 최대의 역작이라는, '이중텐, 제국을 말하다' (원제 '帝國的終結', 2007, 上海 復旦대학교 출판부. 옮긴이 심규호, 2006, 에버리치홀딩스 刊)를 읽고, 내친 김에, 그의 '제국의 슬픔' (원제 '帝國的惆悵' 2006, 上海 문예출판사. 옮긴이 강경이, 2006, 에버리치홀딩스 刊)을 읽고, 또 다시, 이 두 책을 정독하였다. 그러고는, 깊은 상념에 빠졌다. 매우 독단적인 생각이지만, 이 것은 중국의 얘기라기보다는 차라리 오늘의 북한 얘기가 아닌가, 하는 생각이 들었기 때문이다.

당, 송, 원, 명, 청의 역대 중국 제국들의 황제들은 한결같이 자신을 '천자'(天子)라 불렀다. 천자란 천명(天命)을 받드는 절대자인 하늘의 아들이기 때문에, 그의 어떠한 처사에도 잘못이 있을 수 없고(無謬性), 따라서, 일절 책임을 질 필요가 없다고 했다. 잘못이 있었다면, 그것은 그를 보필하는 신하들의 책임이다. 법이 있었지만 그것은 신하들에게나 적용되는 것일 뿐, 그 효력이 천자에게 미칠 수는 없는 일이었다. 신하의 우두머리인 고급 관원들을 처벌하면 그만이다.

중국에도 정의를 부르짖는 협객들이 없지 않았지만, 그들은, 결국, 천자들의 권위와 양립할 수 없는 존재들이었으므로 어느새 깡그리 소탕되고 만다. 다만, 소설속의 인물들로만 존재할 수 있을 뿐이었다.

지방에는, 황제의 대리인으로, 과거(科擧)에 합격한 우수한 인재들을 파견하였지만, 그들은 지방 백성들에게 봉사할 책임은 없고, 다만 황제의 명령에 복종하면 그만이었다. 중국은 땅도 넓고, 언어도, 기후도, 풍토도, 경제력도 다른 지방이 많다. 황제의 명이 모든 지방에서 적용되기에는 미비할 때도 많다. 그러므로, 지방민에게도, 파견관들에게도 재량권의 여지는 있다. 중앙정부에 '정책이 있었다' 면, 지방민에게도, 관원에게도, '대책이 있었다'. 그 대책이란 '면종복배'와 '허위보고'와 '실속 차리기' 였다. 이것은 누대에 걸친 관행이기 때문에, 어떠한 황제도 그 실상을 들추어낼 수는 없었다. 모든 백성의 사활이 걸린 생존전략이었기 때문이다.

한편으로, 북한 인민들은 수 백년에 걸친 왕조체제와 일제 신민지 정책 아래에서 살았고, 이들은 해방이 되자마자, 그대로, 김일성 왕조의 독재체제에 인계되었다. 특히 김일성, 김정일, 김정은 체제 아래서는 외부세계와는 일절 차단되었다. 정권이, 자기네 나라를 '지상천국'이라고 선전하면, 그런 줄 알 뿐이었다. 다른 소리를 하면, 당장 말살되는 것을 감수해야 했다. 이것이 자그마치 70년이 되었다. 그러므로 이러한 환경은, 북한 인민들에게는 도합 수 백년의 역사를 가지는 것이었다. 그들은 우리와 같은 말을 쓰고, 같은 한글을 쓰고 있지만, 그 내용은 우리의 말뜻과는 반드시 일치하는 것이 아니다.

김일성, 김정일, 김정은은 '천자'이고, 북한 사람들은 아무 권한도 없는 '신하'일 뿐이다. 그들은 '인민'도 아니다. 북한에는 '민주주의'도 없고, '공화국'도 없다. '신민'위에 '천자'가 군림하는 황제의 나라이다. 예산도 주석궁의 예산이 있고, 군대의 예산이 있고, 내각의 예산이 따로 있다. 참으로 기이한 현상이다.

김일성이 '천자'가 아니라면, 그의 부조들의 항일정신을 강조하며, 사실과는 전혀 상반되는 새로운 그들 나름의 역사를 창작할 필요도 없었고, 그의 생가라는 만경대를 성지로 꾸며놓고 인민들을 참배시킬 이유도 없었다. 조선민족을 '김일성 민족'이라고 비약할 필요도 없었다. 따라서 김일성 부자는 권력에서 물러날 수도 있다는 가능성을 아예 처음부터 배제해 놓은 지 오래다.

'천자'를 자처하는 김일성, 김정일 일족이 사라지지 않는 한 남북통일은 있을 수 없다. 한반도의 통일을 말하는 사람들이 흔히 독일통일의 예를 인용하려 하지만, 통독 당시의 동독 지도자였던 호네커는 '천자'는 아니었다. 동독 공산당의 우두머리인 일개 당 서기장에 불과했다.

또한, 8·15 해방 뒤의 우리 역사에만 시야를 국한시켜 보더라도, 우리는 70년간 경쟁사회를 지도 원리로 삼았고, 그들은 경쟁과는 거리가 먼 연대사회를 지도원리로 삼았다. 자유주의, 자본주의 시장경제는 경쟁을 배제하고는 성립될 수 없다. 그러나 그들은 처음부터 '경쟁은 악(惡)'으로 분류했고, 연대만을 강조했다. 개인의 자유보다는 사회의 연대만을 강조하였기 때문에 김일성 독재와 장기집권이 가능했다.

나는 '남북조절위'가 서울과 평양을 오가면서 번갈아 열리던 시절, 평양과 판문점에서 남북 대표자간에서 수없이 벌어지던 논쟁을 직접 목격하였다. 이때 북측 대표들이 우리 측이 말하는 남북 간 체제경쟁론에 알레르기 반응을 일으키며 길길이 뛰던 광경을 잊을 수 없다. 우리가 말하던 '체제경쟁론'이란, 남측이 정치를 잘하느냐, 북측이 정치를 잘하느냐를 남북 국민들이 볼 수 있도록 하고, 이들이 자유의지(自由意志)로 체제를 선택할 수 있도록 하자는 것이었다. 이것은, 북과 남의 인민 각 1만 명씩이 참가하는 이른바 '대민족회의'를 열어, 일거에 통일을 결의하자는 북측의 주장에 대한 우리 측의 대안이었다.

이러한 사실을 무시하고 통일을 논해서는 안 된다. 탈북을 감행했던 전 북한 노동당 비서 황장엽씨는 이렇게 말했다. '햇볕정책은 북한을 몰라도 너무 모르는 사람들이 만든 대단히 잘못된 정책이다.' '북한이 주민들에게 해 온 세뇌정책을 잘 몰랐기 때문에 지금까지 남측의 대북정책이 잘못됐다'고도 말했다. '햇볕정책으로 개성공단 등에서 북한 주민들이 한국 사람들을 자주 만나게 되면, 북한 사람들이 변하게 되고, 결국 북한정권의 정책이 개혁, 개방으로 바뀌어, 북한 정권이 붕괴될 것이라고 하는데, 그러려면 아마 200년은 걸릴 것'이라고 말하기도 했다. 북한의 내부를 속속들이 알고, 한국을 차분히 관찰한 그의 결론이라고 나는 생각한다.

황장엽씨가 그가 체계화시켰던 '주체사상'을 중국의 '천자' 사상에서 따왔다고 고백한 사실이 있는가 없는가에 관해서는 나는 알지 못한다. 그러나 내가 얻은 결론은, 그것은 중국의 천자 사상에서 따온 사상이다.

이른바 '인민'들은 철저히 노예화하였고, 그들은 불의를 보고도 분개할 줄도 모른다. 일찍부터 기독교를 받아들이고, 한때, 칼날 같던 북조선 사람들의 기질은 어디로 갔는가.

그러나, 그들에게도 허점은 있어 보인다. 남한의 일부 NGO 들이 풍선으로 북측에 날려 보낸 삐라를 보고, 그들이 마치 큰일이나 난 것처럼 펄펄 뛰는 이유는 무엇인가. 이들 삐라들이 써 보낸 김정일의 와병설이 그토록 그들의 체제유지에 위협적인 메시지인가. 그들은 남한 사람들의 북한 출입을 막고 나섰고, 심지어 중국 사람들의 출입도 막고 나섰다. 김정일의 건강을 과시하기 위해 연달아 그 출처가 의심되는 사진들을 공개하기도 했다. '천자'인 김정일의 건강에 이상이 생긴 것이 인민들에게 알려지면, '천하'도 없어지게 되는가. 북한이 지금 그 지경에 이르렀는가.

지금 역사상 가장 막강한 상태에 있다는 중국에도 겉으로 드러내 놓고 말 못하는 고민이 있어 보인다. 중국의 '해협 양안관계 협회' 회장인 진운림(陳雲林)이, 대만 측의 '해협교류기금' 이사장인 강병곤(姜丙坤)을 마나러 타이페이에 갔다가, 대만 독립을 외치는 데모를 만나, 몇 시간동안 호텔에 갇혀서 못 빠져나오고, 계란 세례를 받으면서 겨우 빠져나온 사실은 예삿일이 아니다. 이렇게 되고도, 만일, 중국이 대만을 합병하고도 무사할 수 있겠는가.

대만 당국이 천수이볜 전 총통을 비리혐의로 구속한 것도 중국 공산당 간부들에게는 그리 반가운 뉴스가 아닐 것이다. 자유에 물든 대만 사람들이, 중국 본토의 고분고분하던 인민들을 오염시킬 염려는 없는가. 이미, 중국은 홍콩 사람들을 때문에도 골치가 아프지 않은가.

나는 한국의 '국민'과 북한 '인민' 사이에 너무나 먼 거리가 있고, 이를 메우는데 얼마나 긴 세월이 필요한가를 걱정하고 있다. 정권의 실세들은 죽거나 떠나가면 그만이다. 그러나 그들이 마음대로 주무르던 '인민' 들은 떠나갈 곳도 없다.

그 시기가 언제인지는 모르지만, 앞으로, 한국의 자유분방한 '국민' 들과, 잔뜩 억압됐던 북한의 '인민'들은 한반도에서 계속해서 함께 살아야 한다. '국민'과 '인민' 간의 통일, 이것은 정치적 통일보다도 더 어려운 난제로 대두될 것 같다.

춘향전적 가치관에 문제 있다

판소리, 하면, 〈춘향전〉이고, 그 춘향전의 하이라이트는 '어사출또' 장면이다. 사람들은 이 대목에 이르러 열광하고 박수를 친다. 나는 고교재학 시절, 춘향전을 현대적으로 재해석한 코미디극 '탈선 춘향전'이라는 것을 보고, 크게 감동하였다. 그 뒤 법학으로 전공을 정하긴 하였으나, '춘향전' '홍길동전' '흥부전' '심청전' 등 판소리에 남몰래 관심을 가지게 되었다.

그러다가, 언제부터인가, 춘향전적 가치관에 문제가 있다, 는 생각을 가지기 시작했다. 내 의문점은 이러하다. 왜, 이몽룡 어사는 취임 초의 첫 과제로, 다른 일 다 제쳐놓고 남원부터 찾아갔나, 하는 것이다. 만약, 열 일 다 제쳐두고, 자신의 애인 춘향이를 구출하는 데 열중한 것이라면, 이것은 공무원이 가장 해서는 안 될, '빙공영사'(憑公營私)의 모델 케이스가 아닌가. 또, 이런 것을 보고 열광하는 것은 과연 바람직한 국민정서인가, 하는 것이다.

남원부사로 임명됐던 아버지를 따라 남원에 내려가 독서에 전념하던 이몽룡이라는 젊은이가 춘삼월 호시절을 맞아, 광한루에서 그네놀이를 하고 있던 춘향이를 발견하고, 사랑을 속삭이게 되었다는 것은 자연스런 발상이었다. 그러나 곧 주인공 이몽룡은 인사이동으로 말미암아 서울로 돌아가는 아버지를 따라 서울로 돌아가게 되어

두 사람은 애틋한 이별을 한다. 그래야 연애소설이 되는 것이다. 이별이 없다면 드라마가 될 수 없는 것이다.

서울로 돌아가 공부에 열중하던 이몽룡이 태평성대를 기념하기 위해 특별히 마련된 '태평시'(太平試)라는 과거시험에 응시하여 합격한다. 그래가지고는 곧 임금님에게 불려가 '어사'로 임명된다. 특별히 호남에 파견된 이유는 '작추에 호남이 실농하여 민정이 황급 타길래 너를 택출하여 보내니, 수령의 치불치(治不治), 백성의 질 고사(疾苦事)를 세세히 탐지하여 오라'는 것이었다.

인간문화재 김소희를 사사했던 명창 안숙선의 창본(이른바 晩汀 版 춘향가)을 토대로 어사 이몽룡이 남원으로 내려가는 과정을 살펴보자.

(전략) 남대문밖 썩 내달아 칠패팔패 철패 배다리 동작 월강 과천 들어 중화허고 수원들어 숙소하고 천안삼거리 지내어 도리치등기 역말 원터고개를 넘은 뒤 팔품정을 당도허니 퉁소소리 들리거날 퉁소소리 잠깐 듣고 궁원 환원 광정 공주 금강 장기대 높은 행길 소사 무너미 지낸 후 경천 들어 중화허고 노성 앞을 막 지내어 풋개 사다리 지낸 뒤 사진읍을 얼른 지내 황화정을 당도하니 전라도 초입이라 양재 역마 갈아타고 여산읍을 들어가니 서리역졸 문안커날 각처로 분발헐제 '중방 역졸 너희 등 오날 일찍 발행하야, 익산 고산 진산 금산 무주 용담 진안 장수 운봉 구례 동복 낙안 낱낱이 염문하되, 부모불효 허는 놈 형제윤기 모르난 놈 각골 관장 억지 공사, 각면 풍월 늦진 죄 세세히 염문하되 금월 십사일 남원 북문 으로 대령하라!' '예 이!' '중방 역졸 너희 등 오날 일찍 발행하야

용안 함열 임피 옥구 김제 만경 고부 흥덕 순창 담양 광나주로 세세히 염문하야, 그 날 그 시로 대령하라!' '예 이!'

각처로 다 분발허고, 그 때여 어사또난 폐의파립을 차리난디, 앞 살터진 헌 망건의 박쪼가리로 관자달어 두 눈썹 잔뜩 눌러 두통나게 졸라매고, 절대 없는 헌 파립 버릿줄 충충 매어 노갓끈을 달아 쓰고, 자락없는 헌 베 도복 열두토막 이은 띠를 흉당 눌러 잡어매고, 질목 짚신 감발허고 주령을 끌면서 독담무를 지내어 숙고개를 얼른 넘어 한내가리내 지낸 뒤에 전라감영 들어가 계수역에 숙소허고 성 안 성외 염문하여 임실 지경을 당도허니,

건넌 산 애굽은 길로 아이 하나 올라온다. 연광(나이)은 이팔, 총각대님 잡어매고 개나리 봇짐 윤이리 지팡이를 우수에 툭툭 치고 엇걸어서 올라오며 시절 노래 부르난디, '어이 가리너 어이를 갈거나 한양성중을 어이 가리, 오날은 가다가 어데서 자며 내일은 가다 어디 자리, 자룡 타고 월강허든 청역마나 가졌으면 즉시 한양 가련만은 조그만한 요 다리로 몇밤 자고 가잔 말이냐, 불쌍터라 춘향각시, 올라가신 구관 자제 이몽룡씨와 백년가약을 맺은 뒤에 수절하고 지내는디, 신관사또 도임초에 수청을 아니든다 하고 월삼동추 수옥중 명재 경각이 되었는디 이몽룡씨 가더니만은 여영 잊고 일장 수서가 돈절허니, 세상의 독허고 모진 양반 서울 양반 밖에는 못 보았네. 어서 수이 올라가서 삼청동을 찾어가 이몽룡을 뵈옵거든 춘향의 깊은 설움 새해세게에 정을 달라네.'

아이는 올라가고 어사또는 내려오다 그 놈을 지내놓고 가만히 서서 생각해보니 방자가 틀림 없거날 내가 저 놈을 불러 물어볼 수

밖에 없군. '아나, 이 애, 저기 가는 애야!' 저 놈이 힐끗 돌아보며 대답도 않고 서 있거날, '이 자식 어른이 부르면 썩 오는 것이 도리 옳지 가만히 서서 보기는 이 놈!' 방자란 놈 어긋나기로 남원서 유명한 놈인데, 어사또를 바라보니 하도 헐게 차려 제 마음에 더 가소롭던 것이었다. 어사또 턱밑에 바싹 들어서며 '바쁘게 가는 사람 왜 부르요?' '이 자식, 너 어디 사느냐?' '나, 살기는 다 죽고 나 혼자 사는데 사요.' '이 자식, 혼자 사는 데가 어디 있단 말이냐?' '나만 산 게 혼자 산 디 아니요' '아, 이 자식, 남원 산단 말을 나만 산다고 허는구나, 그래, 너 어데 가느냐?' '양반 독차지한 디 가요.' '한양 간단 말이구나.' '아따! 당신 소강절(邵康節 : 미래를 잘 알던 사람) 뒷문에 움막 짓고 살았소?' '하, 그 놈 괘씸한 놈이로고! 그래, 한양엔 누구를 찾어 가는고?' '나 한양 묵은 댁에 가요' '묵은 댁이라, 짚시락 두터운 데도 아닐게고 너 구관 댁에 간단 말이구나' '워따메! 당신이 귀신이 아니라 귀신 잡어 먹고 도깨비 똥 쌌소' '에라 이 자식 구관 댁에는 어찌하여 가느냐?' '왜 그렇게 물어쌌소?' '내가 알어야 할 일이 있어 그런다' '꼭 알어야겠소?' '오냐!' '그럼 내가 바쁘게 얼른 일러주지라오. 우리 골 남원 옥중 춘향 편지 갖고 구관댁 이 몽룡씨 찾어 갑니다' '이 애 초면에 무례한 말이나 그 편지 잠깐 보여줄 수 없니?' '아따 그 놈으 어른 염치없는 소리 허고 있네, 생김새는 점잖게 생겨 갖고. 여보시오 남의 규중 편지 사연을 무슨 말을 쓴지 알고 함부로 보잔단 말이요, 이 놈의 어른아!' '네가 무식허단 말이로다. 옛 문장에 이르기를 부공총총설부진(復恐忽忽說不盡) 허여 행인임발(行人臨發) 우개봉(又開封 : 부공~우개봉 : 급히 쓴 편지라 빠진 말이 없나, 가지고 갈 사람이 떠나기 앞서 뜯어 본다는 뜻, 唐 시인 장상의 마지막 구절)이라 하였으니 잠깐 보고 다시 봉헌들 허물 되겠니? 문자 하나 모르는 놈

이 그 문자를 아는 척 하느라고,' '아따! 거, 채린 조격 보담 문자
는 거드러 가졌네 그려, 편지 줄 일은 아니요마는 당신 문자 쓰는
것이 하도 신통해서 주는 것이니 얼른 보고 주시오.' 어사또 편지
받어 떼어 보니 춘향 글씨 분명쿠나. 편지 사연 하였으되, (중략)

이리하여, 결국, 이몽룡은 다른 데는 별로 가지도 않고, 춘향과
그를 가둬놓고 있는 남원부사의 관아로 직행한 꼴이 된다. 어쨌거
나 이 다음에 여러 극적인 장면이 이어지지만, 우리도 갈 길이 바
쁘니, 각설하고, '어사출또' 장면으로 달려가 보자.

(전략) 이 날은 본관사또 생신잔치 날이라 낮이 느지막 허니 각
골 수령들이 모여 드는디, 인물좋은 순창군수 임실현감 운봉영장
자리호사 옥과 현감 남평 현령 오고 나서 곡성 원님 문무 좋다 강
진 원님 서면으로 들어올제 청천에 구름 뫼듯 백운중의 신선 뫼듯
일산(日傘)이 팟종지여 행차 따린 하인들 통인 수배 급창 나졸들이
야단이로구나. 본관사또 주인이라 동헌에 포진을 헌다. 분합문을
높이 달고 백포장으로 해를 막고 육간대청 너른 마루 화문석 호피
도듬 안석(案席) 타구(唾具) 재떨이 좌촉롱(坐燭籠) 청사 입혀 불
킬듯이 달아놓고 녹의홍상 기생들 채색단장 착전립(着氈笠) 오락가
락의 노는 양 내하의 몸이 들고 음식이 풍부헌디 풍악이 낭자허다.
통인 불러 새면 치고 기생 등 마주서서 배따래기 년풍 대 쌍 검무
보기 좋고 생황 양금 줄 풍류 피리 젓대 풍악소리가 원근에 낭자
헐 그 때여, 어사또 조반 많이 먹고 동헌에 급히 가서 구경꾼 함께
섞여 이리저리 다니다가 신명이 우쭉 나니, 여 가 끼웃, 저 가 끼
웃, 여 가 우쭐 저 가 우쭐 대상으로 뛰어 올라, '좌중이 편안하오.'
통인 급창들이 달려들어 옆 밀거니 등 밀거니 귀퉁이 겹 뺨치니 어

사또 기가 막혀 상 기둥을 꽉 붙들고, '예라, 이 놈들! 가난한 양반 옷 찢어진다. 기둥뿌리가 빠졌으면 빠졌지, 내가 나갈 사람 같으면 여기를 왔겠느냐. 나를 쫓아내라는 놈은 쇠 아들 놈이요, 나가는 사람은 인사불성이니라!' 운봉이 무변(武邊)에 있었던 양반이라, 눈치 있고 재치 있어, 어사또를 바라보니 분명 일이 든듯하여 하인을 꾸짖고 '여보시오 본관 양반 저 분을 보아하니 의복은 남루허나 양반이 분명한 디 시속에 상한(常漢)들이 양반을 모르오니 관장된 우리네가 양반을 대접 아니 하면 뉘가 하오리까. 말석에 좌를 주어 한잔 대접 하옵시다.' '그러시다니 운봉 뜻대로 하시요마는 저런 사람은 하인청에서 대접 헐 텐데 진찬헌 일이요' 운봉이 사령들을 호령하며 '에라! 네, 그 양반 일 모셔라.' 어사또 이 말을 듣더니 신발 벗고 발에 먼지를 털며 혼자말로 군담 허되, '안다 안다, 운봉이 아는군, 운봉이 과만(瓜滿)이 되었으나, 가삼년을 시켜보자.' 선뜻 올라 운봉 옆에 앉으니 운봉이 사령들게 분부허여 '여, 너 이 양반께 상 차려 올려라.' 물색모르는 사령들이 어사또 상을 차리는디, 모 떨어진 개 상반에, 긁어먹던 갈비 한 대, 건져 먹던 콩나물국, 병든 대추 묵전포 뻑뻑한 막걸리를 어사또 앞에 놓으며 '어서 먹고 속거천리(速去千里).' 어사또 운봉 옆으로 바싹 앉으며, '운봉영감, 여러 관장네 입이나 이런 과객의 입이나 입은 마찬가질 테니, 나도 거 약주 한잔 주오.' 받었던 술잔을 주며, '자, 이 술 자시오' 어사또 술을 받어 놓고, 부채를 거꾸로 들더니, 운봉 갈비대를 쿡 찌르며, '운봉영감' 운봉이 깜짝 놀래 '허, 이 양반 왜 이러시오' '저기 저 상에 갈비 한 대 좀 먹게 해주오,' '아, 이 양반아 갈비를 달라면 익은 쇠갈비를 달라 헐 일이지 사람의 갈비를 그렇게 찌른단 말이요' '네, 여봐라, 저 상의 갈비 내려다 이 양반께 올려라!' '그망 두오. 얻어먹는 사람이 남의 수고까지 빌릴 것 있나?'

벌떡 일어나더니, 이 상 저 상 다니며 진미만 잔뜩 갖다놓고, '허, 이래 놓고 보니 내 상도 볼품이 나는구나.' 부채꼭지로 운봉 옆꾸리를 쿡 찌르며 '여보 운봉', 운봉이 질색허여 '아니 이 양반이 미쳤소?' '내가 미친 게 아니라 기생 보니 술을 그대로 먹을 수가 있소? 저기 본관 옆에 앉은 기생 불러 날 권주가 한마디 시켜주오.' '글세, 권주가는 좋으나 그 부채 좀 놓고 말씀하시오. 옆꾸리 창 나겠소, '네 여봐라, 저 기생 이리와 이 양반께 권주가 한자리 불러드려라' 기생이 일어나며 관장의 말이라 거역할 수도 없고 아니꼬운 태도로, '참 별꼴을 다 보겠네. 간밤에 박작을 쓰고 벼락을 맞어 보이더니 별놈의 꼬락서니를 다 보겠어.' '이 애. 네 꿈 영락없이 잘 꾸었다. 박작을 쓰고 벼락을 맞어? 하하하. 흉몽대길이로다 무슨 좋은 수가 있겠다. 어서 권주가나 불러봐라.'

'진실로 이 잔 곧 받으시면 천만년이나 이 모양 이 꼴. 엣수, 잡수!' 어사또님이 기가 맥혀 '너 어디서 권주가 배웠는지 참 잘한다. 명기로다! 권주가를 들어보니 새로 난 권주가로구나. 이 술 너와 둘이서 동배주 허자.' 기생에게 술을 권허거니 기생은 안 받을랴거니 밀치락 닥치락 허다 술이 자리에 쏟아졌구나. '허! 점잖은 좌석에 좋은 자리를 버렸도다' 도포 소매 술을 적셔 좌우로 냅다 뿌려노니, 좌중이 발동허여 '이런, 운봉은 별 것을 다 청하여 좌석이 이리 요란 허요.' 본관이 불쾌허여 운자(韻字)를 내여 걸인을 쫓기로 하겠다. '좌중에 통할 말이 있소. 우리 근읍 관장들이 모여 노는 좌석에 글이 없어 무미하니 글 한 수씩 지음이 어떻겠소?' '좋은 말씀이오.' '만일, 문자대로 못 짓는 자 있으면 곤장 댓 개씩 때려 밖으로 내쫓읍시다' '그럽시다' '운자는 본관 영감이 내시오' 본관이 운자를 내는 디, 기름 고(膏) 높을 고(高) 두 자 운을 내놓으니, 어사또 함소(含笑)허며 허는 말이, '나도 부모님 덕에 천자권이나 읽었으니 나도 글 한 수 짓겠소' 운봉이 눈치 있어, 통인 불러 '네, 저 양반께 지필연(紙筆硯) 갖다 드려라' 지필묵 갖다 어사또 앞에 놓으니, 어사또 일필휘지하야 글 지어 운봉 주며, '운봉은 밖으로 나가 조용한 틈을 타서 한번 떼여보시오' 운봉이 받어 밖에 나가 떼어보니, 글이 문장이요 글씨 또한 명필이라. 고금을 막론하고 위정자는 이 글의 뜻을 다시 한 번 생각할 여지가 있는 것이었다.

그 글에 하였으되, '금준미주(金樽美酒)는 천인혈(千人血)이요 옥반가효(玉盤佳肴)는 만성고(萬姓膏)라, 촉루낙시(燭淚落時)에 민루락(民淚落)이요, 가성고처(歌聲高處)에 원성고(怨聲高)라. (금 술동이에 담긴 좋은 술은 천 사람의 피로 만들었고, 옥쟁반에 담긴 안주는 만 사람의 기름으로 만들었으니, 촛농 떨어질 때 백성의 눈물 떨어지고 노래 소리 높은 곳에 백성의 원성이 높다) (하략)

이렇게 되니, 잔치분위기가 싹 가라앉고, 이심전심으로, 관장들이 앞 다투어, 무슨 핑계를 대며 자리를 뜬다. 이때를 맞추어, '어사출또!' 외치는 자가 있으니, 금방 잔치자리는 풍비박산이 된다. 관객들은 이 광경을 보며, 일제히 환호하며, 박수를 친다. 이것이 바로 춘향전의 클라이맥스이다.

그러나 나는 여기서 잠시 생각에 잠긴다. 첫째, 아무리 극적 효과를 노린 과장 표현이라고는 하더라도, '천인혈'이니 '만성고'니 하는 말이 적절한가, 하는 것이고, 둘째는, 이몽룡의 처사가 과연 어사로서 합당한가, 공직자 윤리를 어긴 불법행위가 아닌가, 하는 것이다.

신임 남원 부사가 마땅히 수행해야 할 정사는 제쳐놓고, 이미 기적(妓籍)에서 떠나 자유의 몸이 되어 있는, 한 퇴기의 딸 춘향이가 몸을 자기에게 바치지 않는다고 해서 옥에 가둬놓고 있는 처사는 마땅히 직권남용으로 처벌되어야 할 일이지만, 그렇게 따진다면, 이몽룡 어사의 처사도, 공권력을 남용하여, 개인의 복수부터 수행한 불법행위가 아닌가. 그렇다면, 변학도나 이몽룡이나 법을 어기기는 피장파장이다. 왜 변학도는 천인공노할 악인이 되고, 이몽룡은 만고의 영웅이 되어야 하는가, 이몽룡의 행위는 왕이 그를 어사로 파견한 취지에 합당한 일인가, 하는 것이다.

원래, 판소리는 남도 사투리로 창 해야, 제 맛이 나는 법이다. 뿐 아니라, 내가 아는 많은 호남 친구들은 창에 능하다. 누구나, 북이나 장구를 칠 줄 안다. 판소리는 북 장단의 역할이 크다. 북을 칠 줄 안다면, 당연히 판소리도 한 두 대목 할 줄 안다, 할 것이다. 그렇다면, 춘향전적 가치관은 판소리를 하고, 들을 때만 떠오르는 것이 아니라, 일상적으로, 맥맥히, 오늘까지도 호남인들 마음속에 깊이 깔려 있는 금일적 의미를 가지고 있는 것이 아닌가, 하는 것이다.

근자에 '동학란'을 '동학혁명'이라 부른다는 말도 들린다. '동학'이라는 결사는 영남의 경주에서 시작되었지만, 동학란은 호남에서 일어났다. 고부 군수의 가렴주구를 규탄하며 일어난 '민란'이었다. 이것이 점점 확대되어 중앙정부까지도 감당을 못하게 되자, 조선정부는 '종주국'이었던 청나라에 진압을 요청한다. 이를 알게 된 일본은 그들의 교민보호를 핑계 삼아 청나라보다 더 많은 군대를 조선에 파병한다. 이리하여 조선 땅에서 청일전쟁이 벌어지고, 결국,

청이 패전한다. 이 전쟁을 계기로 청은 조선에서 완전히 손을 떼게 되었고, 일본의 주도하에 조선왕조는 '왕'과 '왕비'가 아니라 '황제'와 '황후'를 칭하게 된다.

만일, 동학란이 동학혁명으로 불리려면, 외세의 개입 없이, 사태가 국내에서 잘 수습되었어야 한다. 그러나 그렇지가 않고, 오히려, 동학란이 조선의 망국을 자초한 계기가 되었으니, 통탄할 일이었다. 뒤이어, 러시아가 청 대신 조선에서 지반을 굳혀가게 되니, 일제는 러시아와도 조선 땅에서 전쟁에 돌입했고, 이 전쟁에서도 일본은 승리한다. 청일 전쟁과 러일 전쟁에 승리한 일제는, 이제는 국제적으로 어느 나라의 눈치도 볼 필요 없이, 조선을 마음대로 집어삼킬 수 있게 되었다.

이것이 모두 우연인가. 나는 아니라고 생각한다. 우리 위정자와 백성들의 잘못된 인식과 정서 때문에 스스로 망국을 자초한 것이라고 보고 있다. 근자에 '명성황후'라는 뮤지컬이 국내외에서 장기 공연에 성공하였다지만, 이 소식을 접하면서, 나는 언제나 입안이 씁쓸했다. 일제의 잔악한 조선침략을 규탄하기에 앞서, 우리는 우리의 과거사를 똑 바로 평가할 수 있어야 한다고 생각한다. 내가 알기로, 일제의 깡패들에 의한 명성황후 시해 사건은 우리에게는 차마 돌이키기도 부끄러운 국치 사건이었다. '왕비'를 '황후'라고 높이 칭하게 된 것은 우리의 주도하에 이루어진 일인가. 일제의 낭인들이 백주에 경복궁 담에 사다리를 걸치고 무인지경으로 침전까지 쳐들어가, 무차별로 황후와 궁녀들을 살해하여, 장작을 쌓아놓고, 기름을 부어, 시체를 태워 없애고, 가마를 공덕동 대원군 처소로 보내어, 명성황후 최대의 정적(政敵)인 대원군을 불러낸 사건이 어째 한낱 구경꺼리 뮤지컬 감이냐. 실로 통탄할 일이었다.

그때 만해도, 망국적인 남남갈등도 없었고, 핵폭탄으로 서울을 무자비하게 불바다로 만들겠다는 김정일 일파도 없었다. 우리는 김정일을 깍듯이 '국방위원장'이라 부르는데도 우리 대통령과 정부를 가리켜 '이명박 도당'이라고 부르는 북도 없었다. 우리는, 통쾌하다고, 일리가 있다고, 해서, 경솔하게 와와 떠들고, 부화뇌동할 것이 아니다. '빈대 잡기 위해 초가삼간 태워 없애는 우'를 또다시 되풀이해서는 안 된다.

경쟁사회와 연대사회

집권 한나라당의 원내 대표가 어떤 사람으로 바뀐 뒤, 그 사람의 주도 아래, 이른바 '대학 반값등록금' 론이 중요한 사회적 이슈가 되었다. 대학 등록금이 과다하여 자살자가 속출하니, 그 절반을 국고에서 부담하여 개인적 부담을 덜어주어야 한다는 것이다. 이 주장을 지지하며 각 대학에서는, 문제가 생길 때마다 우리 사회에 으레 등장하는, 촛불데모와 동맹 파업이 일어나고 있고, 야당인 민주당도 이를 지지하는 원외 투쟁을 선언했다.

원칙적으로, 대학등록금 부담을 절반으로 줄여 주자는 주장에 반대할 사람은 아무도 없다. 다만, 일부에서는 이를 뒷받침 할 재정 부담의 확대를 우려하는 목소리가 있을 뿐이다.

하기로 든다면야, 다른 일 다 제쳐두고, 이 일만 하기로 한다면 돈을 마련하지 못 할 바도 아니다. 그러나 나는 이 문제를 좀 더 심각하게 근본적으로 연구해 봐야 한다는 생각을 가지고 있다. 일단, 실시된 복지정책은 상황이 변경되었다고 해서 1~2년 만에 쉽게 그만 둘 수 있는 문제가 아니다. 문제는 재정부담의 확대에만 있는 것이 아니다. 앞으로 우리나라를 어느 쪽으로 이끌어 나갈 것이냐가 달려 있는 근본 방향의 설정과 직결되기 때문이다.

미국과 일본과 우리나라는 원칙적으로 대학등록금은 개인 부담으로 되어 있다. 이에 반하여, 유럽 여러 나라에서는 국고부담으로 되어 있다. 이 차이는 어디에서 출발하였는가. 미국과 일본과 우리나라는 사회의 지도 원리가, '경쟁 사회'이고, 유럽은 '연대 사회'라는 데 차이가 있다. 경쟁사회에서는, 당신이 대학에 가는 것은 그 제1차적 혜택이 당신 자신에게 가는 것이므로, 수익자 부담의 원칙에 의하여, 당신 스스로가 학비를 부담해야 한다는 논리이다. 반면, 연대 사회에서는, 당신이 대학에서 공부한다는 것은 당신 자신에게도 유익한 일이지만, 그것보다는 사회전체의 발전을 위해 바람직한 일이므로, 당신 혼자서 비용을 부담할 것이 아니라, 국가에서 부담해 주겠다는 논리이다.

얼핏 들으면 별 것 아닌 차이로 들릴지 모르지만, 그 뒤에는 뿌리 깊은 역사적, 이념적 배경이 깔려 있다. 유럽은 대체로 연대사회적이고, 우리나라와 미국과 일본은 경쟁사회적이다. 이 문제에 관한 논의는 잠깐 뒤로 미루고, 우선 대학등록금 문제부터 더 논의해 보자. 유럽 여러 나라도 정부 예산에 한계가 있으므로 대학 진학을 원하는 사람에게 무제한으로 국고부담을 허용해줄 수는 없다. 이 역할은 고교 담임교사들이 주로 맡는다. 학생을 불러 너는 대학에 가는 것이 좋겠다, 너는 대학에 가기보다는 실업교육을 받아 일찍부터 취업하는 것이 좋겠다고 말하게 된다. 이 말을 들은 학생들은 두 말없이 이에 복종한다.

만일, 이런 일이 우리의 고교과정에서 이루어진다면, 우리 학생들과 학부모들은 이에 복종하겠는가. 아마도 칼부림이 일어날 것이다. 당신이 누구에게 돈을 받아먹고 우리 아이를 대학에도 못 가게

가로막느냐, 할 것이다. 내가, 내 돈 내고, 우리 아이를 대학에 진학시키겠다는데 네가 왜 방해하느냐고 나설 것이다.

사실, 우리나라만큼 대학에 많이 가는 나라도 없다. 한국인의 교육열은 대단하다. 그 덕택으로 우리나라는 이토록 급속히 선진 산업사회로 진입하게 되었다. 그 덕택으로 대학이 우후죽순처럼 생겨나고, 경영적으로도 호황을 누려 왔으나, 이제는 사정이 크게 달라졌다. 출산율의 저하로 지원자가 대학의 정원 이하로 내려앉게 되었다. 그동안 교육부에 매달려 입학 정원만 늘려 받으면 학생은 쉽게 채울 수 있던 것은 옛날이고, 지금은 교수들이 직접 신입생 모집에 나설 수밖에 없게 되었다. 지방소재 대학들은 아마도 그 절반쯤은 폐교의 위협을 받게 되어 있다. 대학의 개혁이 시급한 당면과제가 되어 있지만, 쉽게 몸집을 줄일 수도 없다. 교수들의 정년은 65세이다. 이것은 법에 의하여 보장된 권리이므로 법이 개정되기 전에는 고칠 방법이 없다. 연봉을 줄일 방법도 없다. 그러므로 대학의 인건비는 해마다 늘어난다. 부득불, 매년, 등록금을 올릴 수밖에 없다. 대학 재단의 전입금을 늘리라고 요구할 수도 있겠지만, 재단인들 학생 한 사람 제 마음대로 뽑을 권리가 없는 데 무슨 재미로 전입금을 자꾸만 늘리겠는가. 기부입학제를 실시해야 한다는 논의가 제기된 지는 오래 되었지만 이것도 쉽지 않다.

그러므로 반값 등록금 실시는 결코 간단한 문제가 아니다. 촛불데모나 야당의 원외투쟁으로 해결 될 문제가 아니다. 만약, 이것을 강행한다면, 정부는 대학의 유지발전을 위해 등록금 외에 대학에도 지원금을 대폭 늘려야 할 것이고, 그 재원확보를 위해 증세를 감행해야 할 것이다. 대학 감축을 위해 강권을 동원해야 할 것이다. 그렇게 된다면 이번에는 대학교수들이 촛불을 들고 나설 것이다.

　한편으로, 우리의 당면과제가 대학의 문제뿐인가, 하는 것도 고려해야 할 것이다. 국방비를 줄이고, 산업단지 조성을 중단해도 아무 문제가 없겠는가. 우리는 그렇게도 할 일이 없는 태평성대인가. 일부 정치인들의 단견을 크게 우려한다.

중국 역사소설 빼닮은 북한 정권

오늘 조선일보 1면에는 주목할 만한 뉴스가 실려 있다. 북한 김정일의 이복동생이자 폴란드 주재 북한 대사인 김평일(57)이 지난 5월(2011년) 입북한 뒤 가택연금 상태에 있다는 관측이 제기되고 있다는 것이었다. 이 기사는 다음과 같이 이어진다. '북한 내부 사정에 정통한 소식통은 김평일은 김정은 세력의 견제를 받아 가택연금 상태에 있다. 지금 평양은 김정은 후계에 조금이라도 장애가 된다면, 로열패밀리라도 제거대상에 오르는 상황이다. 특히 김정은은 외모를 김일성과 비슷하게 꾸며, 김일성 향수를 자극하려고 하지만, 실제 김일성을 빼닮은 것은 김평일이기 때문에 그를 견제할 것이라는 관측이 제기된다. 김평일은 60~70년대 김정일과의 후계 경쟁에서 밀린 뒤, 1988년 헝가리 대사를 시작으로 23년째 해외에 머물고 있다. 1994년 7월 김일성 사망 뒤 김평일이 귀국한 것은 몇 차례 되지 않는 것으로 알려졌다.'

옛날이나 지금이나, 중국에는 도처에 사람이 넘쳐나 있다. 땅덩이는 넓지만 농사지을 땅은 많지 않다. 그래서 지방 각처에는 직업 없이 놀고먹는 사람이 우글우글하다. 중앙에서 '관'(官)을 파견해 놓고 있지만, 이들은 그 지방과는 인연도 별로 없고, 애착도 없는 사람들이다. 그러나 이들은 치안을 유지할 필요가 있기 때문에, 지방의 '한인'(閑人)들을 '리'(吏)나 '병'(兵)으로 채용하여 먹여 살리며, 자기의 임기 중 그럭저럭 국면을 호도한다. 그러므로 어떤 야심가가 나서서 깃발을 흔들기만 하면, 쉽게, 수백 수천 명의 떼거리를 모을 수가 있다.

이리하여, 중국에는 도처에 도적떼가 형성되었다. 이런 무리들을 가리켜 '도'(盜)라고도 하고, '적'(賊)이라고도 하고, '구'(寇)라고도 했다. 청나라 이후에는 주로 '비'(匪)라고 일컬어졌다. 이들은 그 주된 활동장소나 행동양식에 따라, 여러 가지 이름이 붙여졌었다. '산적'(山賊)은 산에 소굴을 정한 무리들이고, '해적'(海賊)은 연안지대나 섬에 근거를 둔 도적이고, '수적'(水賊)은 내륙의 호수나 강을 근거로 배를 타고 활동하는 무리, '마적'(馬賊)은 주로 말을 타고 이동하는 기마대 형식의 도적, '요적'(妖敵)은 요상한 민간신앙을 핵으로 하는 도적, '교비'(敎匪)는 불교나 기독교 등 어떤 종교를 모태로 하는 도적, '유적'(流賊) 또는 '유구'(流寇)는 일정한 근거지를 갖지 않고 광범위하게 떠도는 무리, '토비'(土匪)는 비교적 좁은 지역을 활동무대로 하는 도적을 가리킨다. 어찌 되었건, 그 기본적 요건은, '관 이외의', '무장한', '실력으로 요구를 관철시키려는', '집단'을 말하는 것이다.

그들이 어떤 대의명분을 내걸었건 간에, 정의나 부정의와는 아무 관계가 없다. 그들이 노리는 것은 권력이나 재물 또는 곡식이다. 배가 불러지면 그 다음은 여자다. 역대의 중앙정부는 지방에 강력한 군대를 주둔시키지 않았다. 지방에 강력한 군대를 주둔시켰다가는 언제 그들이 등을 돌려 중앙정부를 위협하게 될지 모르기 때문이었다. 도적들도 일단 관군에게 쫓기는 형국이 되면. 나뭇가지에 비단을 걸쳐놓거나, 여자를 묶어놓고 도망을 가면, 더 이상 관군의 추격을 모면할 수가 있었다. 관군 병사들에게도 재물이나 여자들은 더 없이 귀한 선물이 되기 때문이었다.

지금의 일본 규슈(九州)지방을 근거지로 하여 한반도 연안이나 중국 해안지역에 출몰하며 관원이나 주민에게 피해를 입히던 '왜구' (倭寇)도 이 부류이고, 몽골에서 군대를 일으켜 북경에 쳐들어가 왕조를 세웠던 원(元)왕조, 만주(滿洲)에서 병을 일으켜, 북경에서 청나라를 세웠던 만주족도 다 그런 무리들이었다. 남경(南京)에서 나라를 일으켜, 북경에서 중앙 정권을 장악했던 명나라도 같은 경우이다. 모택동의 중화인민공화국도 원래는 공산주의가 목적이 아니었다. 그는 공산주의를 연구한 일도 없고, 신봉한 일도 없었다. 그가 믿은 유일한 교의는 '조반유리'(造反有理)였다. 요컨대 '반항과 반대에는 다 이유가 있다'는 선동정신이었다.

'조반유리'는 이른바 '문화 대혁명' 때 모택동이 홍위병에게 내린 교시로 유명하다. 중앙정부가 옳지 않은 일을 하고 있다면, 우리는 지방에서 반란을 일으켜 중앙을 장악하는 것이 도리에 합당하다. 각지에 많은 '손오공'을 보내어 '천궁'(天宮)을 소란하게 해야 한다는 것이었다. 여기서 말하는 천궁은 실용주의 노선을 추구하는 유소기(劉少奇) 등소평(鄧小平) 등 이른바 실권파(實權派)들이고, 손오공은 전국의 중학, 대학에서 몰려나온 '홍위병'을 뜻했다.

모택동은 자기의 독재체제에 위험이 닥칠 우려가 있다고 판단되면, 언제나 이런 파괴행위를 일으켰다. '대약진' 운동도 그것이었고, '인민공사' 운동도 그것이었으며, 그가 죽으면서 겨우 종식된, 이른바 '프롤레타리아 문화 대혁명'이라는 것도 그것이었다. 그의 안중에는 공산주의도 없었고, 인민도 없었으며, 오로지 권력밖에 없었다.

그에게도 '모안영'(毛岸英)이라는 아들이 있었다. 그는 이 아들에게 자기의 권력을 넘겨줄 생각이었으나, 이 사람은 6·25 전쟁에 파견되었다가 29세의 나이에 죽고 말았다. 만일 이 사람이 끝까지 살아 있었다면, 오늘의 중국은 그 양상이 많이 달라져 있었을 것이다. 세습이 불가능해지자, 그의 정신에는 많은 혼란이 야기됐다. 임표(林彪)를 후계자로 정했으나, 그는 이런저런 이유로 타고 가던 비행기가 사막에 떨어져 죽고 말았으며, 말년에는 부인 강청(江靑)에게 권력을 넘겨주려 했으나 등소평 등의 반발로 불발이 되고 말았다. 이것을 계기로 등소평의 시대, 이른바 '사회주의 시장경제'의 시대가 열려 오늘에 이르렀다. 따라서 모택동시대의 중국과 오늘의 중국은 이름은 다 같은 중화인민공화국이지만 그 내용은 전혀 딴판인 다른 나라가 된 것이다. 이 점, 김일성과 김정일은 혈족인 후계자가 있어 모택동에 비해서는 크게 다행이었는지 모를 일이다. 그러나 이것이 행운이 될지 비운이 될지는 아직 아무도 모른다. 사람에게 수명이 있듯이 나라에도 다 수명이 있기 때문이다.

요약하면, 역대 중국 왕조는 모두 무장한 반항세력이었으며, 사상도, 거병도 모두 겉으로 내세운 대의명분이었을 뿐, 알맹이는 정권의 획득과 권력의 유지에 있었다. 따라서 권력의 획득과 유지를 위해서는 피도 눈물도 없었다. 장애가 된다고 판단되면, 혁명의 동지도 죽이고, 남편도 죽이고, 아들도, 형제도 모두 다 죽였다. 아버지를 닮은 이복동생을 제거하는 일쯤은 식은 죽 먹기이다.

중국에는 지금 사실상 국가도 없고, 인민도 없다. 있는 것은 최고 권력자와 당 뿐이다. 언론이 있는 것도 아니고, 법이 있는 것도 아니다. 선거도 국회도 없다. 오직 최고 권력자자와 당이 있을 뿐이다. 중국에는 국가의 군대도 없다. 군이 있으나 이것은 국가의 군대가 아니고 당의 군대이다. 당에는 정치국이 있고, 정치국은 최고 권력자가 좌지우지 한다. 북한도 그 예외가 아니다.

그러나 이런 체제가 언제까지 갈지는 아무도 모른다. 중국 공산당이 올해 창당 90주년을 맞이했다고 하지만, 중국의 긴 역사의 안목에서 본다면, 90년은 일순간에 불과하다.

대통령은 아무나 하나

선거철이 되면 별것도 아닌, 별의별 사람들이 다 나선다. 그것도 전체 정원이 수 백 명인 국회의원을 하겠다고 나서는 정도라면 참을 수도 있지만, 단 한 자리밖에 없는, 대통령을 하겠다고, 너도 나도 나서는 것을 보면 사람들의 마음은 결코 편안할 수가 없다. 한때, 유력한 대통령 후보의 한사람으로 인정됐던 어떤 분은, 최근 한 신문과의 인터뷰를 통해 '그때 내가 대통령 되었다면 생각만 해도 끔찍하다'고 말했다.

이 말의 정확한 의미는 알 수 없지만, 만약, '안 되기를 참 잘했다'는 뜻이라면, 그야말로, 끔찍한 일이다. 그때 대통령이 되겠다던 그의 결심이 진정이었다면, 지금 그렇게 말해서는 곤란하다. '그때 내가 대통령이 안 된 것은 천추의 한이다. 그때 만일 내가 대통령이 되었더라면 오늘날 우리나라에 큰 문제가 되어 있는 많은 문제들은 말끔히 해소되었을 것이다.' 라고. 우리는 왜 이런 대통령 지망자를 못 만났을까. 나는 이것을 한탄한다.

이 분은 누구나 부러워하는 좋은 대학을 나왔고, 어렵다는 여러 국가고시에 합격했다. 예부터 '신언서판'(身言書判)이라는 말이 있어오지만, 이런 점에 비추더라도, 한 점의 손색도 없다. 그런데도 불구하고 왜 안 되었을까. 결국, 대통령을 뽑는 국가고시가 없었기 때문일까. 그러나 대통령을 뽑는 국가고시는 앞으로도 영원히 생겨날 것 같지가 않다.

나 자신도, 우연히, 남들이 다 부러워하는 대학의 법과대학을 졸업했고, 따라서 많은 동기생과 선후배들이 법조계에서 또는 관계에서 성공적으로 활약하는 것을 보아왔다. 그러나 명문대학 출신이라는 것과 어려운 국가고시 통과라는 전력이, 정치를 하는 데, 대통령이 되는 데, 적합한 자격이 된다고는 생각해본 일이 없다. 어떻게 보면 이것은 오히려 정치를 하는 데, 또는 대통령이 되는 데 있어, 중대한 하자(瑕疵)가 된다고 생각해 왔다.

그것은 무슨 이유에서일까. 그 이유는 이러하다. 다 알다시피 정치를 하는 데는 엄청난 돈이 든다. 사람을 모으는 데도 돈이 필요하고, 선거를 하는 데도 천문학적인 돈이 필요하다. 그러나, 법을 안다는 것은, 남의 돈을 끌어오는 데 있어 결정적인 제약이 된다. 정치에 드는 돈을 자기 개인만의 재산으로 충당한다는 것은 아예 처음부터 정치를 안 하겠다는 것과 마찬가지다. 염치없이 남의 돈을 끌어와야 하고, 경우에 따라서는 남에게 돈을 달라고 까지 말할 수 있어야 한다. 법을 잘 아는 사람이 이런 일을 감히 할 수 있겠는가. 아마도 남들이 자진해서 들고 오는 돈도, 이것을 받아야 할지 말아야 할지를 따지게 될 것이다. 이래 가지고는 정치도 할 수 없고 선거도 할 수 없다. 모처럼 정치에 입문했다 하더라도 지도자가 되기는커녕 한낱 추종자로 전락하고 말 것이다.

설사, 용기를 내어, 일시, 그 한계를 넘어섰다고 하더라도, 그것은 오래가지 못할 것이다. 선거 때, 원도 한도 없이, 많은 돈을 써

보았다고 말했다는 어떤 전직 대통령은 검찰에 몇 번 소환되자 결국 자살로 생을 마감하고 말았다. 왜 그랬을까. 나는 그가 법을 좀 알았기 때문에 그렇게 할 수 밖에 없었다고 생각한다.

이렇게 정치와 돈의 관계가 밀접하다면, 아예 남에게 돈을 의존할 필요가 없는 큰 부자라면 정치의 적격자인가, 라는 문제가 남는다. 그러나 나는 이 문제에도 부정적이다. 부자만큼 돈의 가치를 잘 아는 사람은 없다. 부자는 돈을 펑펑 쓸 것 같지만, 실은 그렇지가 않다. 꼭 필요한 만큼만 아껴서 쓰려 할 것이다. 그래서 어떤 사람에게는 좀 많이, 그리고 어떤 사람에게는 좀 적게 쓰게 될 것이다. 이것이 오히려 화근이 된다. 돈을 받은 사람끼리, 당신은 얼마를 받았느냐고 묻게 될 것이다. 이리하여 남보다 자기가 적게 받았다고 판단되면, 격분하게 될 것이다. 뭐, 나를 뭘로 알고 이 따위 차별 대우를 해, 내가 반드시 앞장서서 본때를 보여주겠다, 고 나설 것이다. 돈을 주고도 역효과가 난다. 이러한 심리상태를 이용하여, 상대방이 이간질을 할 수도 있다.

또, 우리나라에는 부자들이 많다. 어떤 재벌총수가 대통령이 된다면, 경쟁사는 당연히 그만큼 불이익을 당할 것을 각오해야 한다. 그리하여 재계 전체를 적으로 돌려야 하는 위험부담을 안게 된다. 뿐 아니라, 돈이 많은 재벌총수가 반드시 대통령 되기에 적합한 자질을 갖추었다고 보기도 어렵다. 그러므로 경제계에서 성공한 사람이라면 처음부터 대통령 할 생각을 접는 것이 현명하다. 송충이는 솔잎을 먹는 데 전념할 필요가 있다. 오히려, 마음에 드는 후보자를 골라 성의껏 후원자 노릇을 하는 것이 현명한 처신이다.

정치를 하려는 사람, 대통령이 되려는 사람은 자기가 하는 말이 거짓말인줄을 뻔히 알면서도 거짓말을 밥 먹듯이 해야 한다. 그러나 거짓말을 한다는 것도 아무나 할 수 있는 일은 아니다. 내가 신문사에 수습기자로 들어가 얼마 되지 않았을 때, 하루는, 사옥 현관에 들어서자말자, '쓸개는 집에 두고 왔다,'라는 대자보가 나붙어 있는 것을 보고 놀란 일이 있다. 사소한 감정이나 주관은 가지고 다니지 말고, 그런 것은 집에 두고 나오라는 걸물(傑物) 사장의 교시(?)였다.

뻔히 안 될 일인 줄을 알았더라도, 득표에 도움이 된다고 판단되면, 서슴없이 들고 나서야 한다는 것이 정치인의 행위양식이다. 세금을 절반으로 깎아주겠다, 학교급식은 무료로 하겠다. 대학등록금은 반으로 내려 주겠다, 고속도로 통행료는 전액 면제하겠다, 아파트는 반값으로 내리겠다, 등등. 나중에야 어떻게 되건 간에, 우선, 듣기에 달콤한 얘기라면 주저 없이 해야 한다.

정치란 매일 매일이 '선전 전쟁'이다. 만일 여기서 수세에 몰린다면 패배하고 만다. 그러므로 깊이 생각할 여유가 없다. 매일 새 이슈를 찾아야 하고, 상대방이 제기한 문제에 대해서는 즉각 반격하고 나서야 한다. 그래서 정치판은 마치 재치문답 쇼, 코미디를 보는 것 같은 형국이 된다. 따라서 때로는 황당한 거짓말도 해야 한다.

거짓말을 하더라도 곧 그 정체가 드러날 거짓말은 하지 말아야 한다. '일류국가를 만들겠다', '역사를 바로잡겠다', '자주국방을 하겠다', '부패를 근절하겠다', '양극화를 해소하겠다' 등등 좀 막연한

테마라면 무방하겠지만, 얼마 안 가 숫자로 그 당부가 결판날 문제
는 피하는 게 옳다. 그런데도 마구 한다. 야당이 나서면, 여당도
따라서 나선다. 공짜로 주면, 결국 세금을 올려야 하는 데, 도대체
어쩌자는 얘기냐. 이 나라의 주인은 누구냐. 하기야 정치판에서 떠
드는 사람치고 제대로 세금을 내본 일이 없는 사람들이 대부분이
니, 세금에 무감각하다 해도 결코 나무랄 일이 아닐지도 모른다.

일본에서 '만년 여당'을 물리치고 집권에 성공한 여당 민주당도
그렇게 해서 정권을 잡았지만, 2년이 채 못 되어 좌초하고 말았다.
그들은 '콘크리트에서 사람으로!'라는 슬로건을 내걸고 자민당이 만
들었던 국가예산을 철저히 재점검해서 낭비적 요소를 제거하여, 그
들이 내건 선심성 예산의 재원을 만들고, 예산의 증액이나, 세금의
신설, 국채의 증발은 절대로 하지 않겠다고 했었다. 그러나 이 공
약은 공약(空約)이었다. 결국, 간 나오토 총리는 국회에서 무상복
지 포퓰리즘 정책의 전면 철회를 선언하고 말았다.

일본은 의원내각제의 나라다. 만약, 우리나라에서라면 어떻게 되
었을까. 대통령이 사과하고 나왔을까. 나는 그 가능성은 희박하다
고 생각한다. 대통령이 국회에서 탄핵결의를 받아도, 헌법재판소
가 위헌 판결을 해주어, 아무 일 없었던 것처럼 살아남을 수 있었
던 나라가 우리나라가 아닌가. 대통령은 야간 촛불 데모도 일으킬
수 있고, 그밖에도 얼마든지 살아남을 방법이 있을 것이다. 요컨대
초법적인 '떼법'을 쓰면 된다. 그러나 그렇게 살아남은 대통령의 말
로가 어떻게 될지는 미지수이다.

대통령은 유식하지는 않더라도, 무엇보다도 인정의 기미 (機微)에

는 정통해야 할 것이다. 사람들이 원하고 있는 것이 무엇이며, 어제와 오늘이 다른 것이 무엇인지를 정확히 알아야 할 것이다. 이것을 알아낼 능력이 없는 사람은 대통령이 되기 어려울 것이다. 이러한 능력은 어쩌면 일종의 동물적인 직감의 소산일 것이다. 많은 대통령 지망자들의 결격사유는 이 능력의 결핍에 기인한다. 이것은 일종의 간지(奸智)에 해당된다. 저런 사람이 어떻게 그런 많은 추종자를 모을 수 있느냐고 고개를 갸우뚱거리는 사람이 있겠지만 그런 사람에게 말할 수 있는 것은 이 능력의 유무이다.

마지막으로, 가장 중요한 자질은 북한의 사정에 정통해야 한다는 것이다. 우리나라는 지금 태평성대가 아니다. 우리 대통령은 지금 세계에서 가장 종잡을 수 없는 집단으로 평가되고 있는 북한에 효과적으로 대처해야 할 중대한 임무를 지고 있다. 이 능력이 없으면 다른 분야의 능력이 아무리 출중하다 하더라도 대한민국의 대통령이 되어서는 안 된다. 남이 권하더라도 이를 과감히 사양하는 것이 애국이다. 만일, 북한의 본질을 잘 모르는 사람이, 그럼에도 불구하고 대통령이 된다면, 본인 개인에게는 크나큰 불행이요, 나라에는 돌이킬 수 없는 재앙이 될 것이다. 또 대통령은 우리 국군이 최고 사령관이다. 군을 모르는 사람은 대통령이 되어서는 안 된다.

요즘, 일부 식자 간에 '강남좌파'라는 신조어가 유행이다. '강남좌파'란 고학력, 고소득자이면서 진보적 가치를 지향하는 사람들을 일컫는 말이라고 한다. 말로는 민중을 위한다면서도 부르주아적 삶을 즐기는 사람들이라고 한다. 이런 부류야 말로 가장 유해한 대한민국의 적이다. 북한의 본질을 모르고, 공연히 우리의 기준으로 남북문제를 논단하는 것을 위험천만한 일이다. 만일 조금이라도 이런 잘못된 생각을 가지고 있다면 그 사람은 최우선적으로 대통령 후보자의 명단에서 삭제되어야 한다.

떠벌리는 사람, 침묵하는 사람

나는 직업적인 연사는 아니지만 가끔 말을 한다. 직업적인 시사평론가는 아니지만, 가끔, 글을 쓴다. 그러면서 자주 무력감에 사로잡힌다. 누구한테서 부탁을 받은 것도 아니면서 내가 왜 이 짓을 하고 있나, 하는 것이다. 말을 하거나 글을 쓰려면 상당한 노력이 필요하다. 남들이 들어주건 않건 간에, 읽어주건 않건 간에, 상당한 공을 들여야 한다. 나는 이것으로 수입을 노리는 것도 아니고, 남이 알아주기를 원하는 것도 아니다. 그런데도 불구하고 내가 왜 이미 80이 된 이 나이에 이르기까지 이 짓을 하고 있나, 하는 것이다.

내가 오랫동안 종사했던 언론계에는 나보다는 월등히 우수한 인재들이 많았다. 나는 그들에 비하면 언제나 하수였다. 내가 잠시 몸담았던 정계에도 인재들이 많았다. 그분들은 이제는 대부분 침묵을 지키고 있다. 왜 그럴까. 자세한 이유는 알 수 없지만, 짐작컨대, 지금은 '침묵이 금'이라고 판단하고 있기 때문이 아닌가 생각한다.

거리에서, 언론에서 나도는 말들을 들어보면, 대부분이 들어보나마나 한 '잡음'이다. 경제가 어떻다고 떠들어대지만 우리가 떠들어댄다고 해서 쉽게 해결될 문제가 아니다. 전셋값을 내려줘야 한다고 떠들어대지만 그렇게 할 만한 마땅한 방법은 없다. 대학 등록금을 낮춰준다고 말들 하지만 그것도 그리 쉬운 문제가 아니다. 양극화가 어떻고 어떻다고 말하지만 언제는 양극화가 없었던 일이 있었던가. 특권계급은 공산국가에도 있고, 어떻게 보면 그들 나라에서 더 심하다. 북과 대화를 해야 한다, 쌀을 줘야한다고 말들 하지만, 그렇게 한다고 해서, 남북 간의 현안이 말끔히 해소되는 것도 아니다.

오늘 아침 서울에서 발간된 한 유력 신문의 1면 톱기사 제목을 보고 나는 깜짝 놀랐다. '택시 기사 2명 중 1명이 박근혜 태워주고 싶다', 했다는 것이었다. 나도 언론인의 한 사람으로 자처하고 있지만, 이런 기사가 과연 기사가 될 수 있나, 하는 것이 나의 의문이었다. 이것은 숫제 아부다. 신문이 아부의 도구냐.

내가 보기에, 지금 우리나라의 최대 당면과제는 경제보다는, 정치에 있고, 언론에 있다. 정치판에서 떠도는 말들은 가히 폭력적이다. '이명박을 죽여야 한다', '수신료 인상 꿈도 꾸지 마!' 이런 세상에, 말을 하고, 글을 쓴다는 것은 목숨을 걸지 않고는 안 되는 일이다. 그러나 아무도 말 안하고 침묵을 지킨다면, 머지 않아, 나라는 파탄 날 것이 뻔하다. 잠자코 그때를 기다릴 것이냐.

그렇다고 해서 '철혈 재상'(鐵血宰相) 대망론이나 읊조릴 것이냐. 봉건 제후국들로 조각조각 갈라져 있던 독일을 근대국가로 통일시킨 공로는 마땅히 프로이센의 총리였던 비스마르크(Otto von Bismarck, 1815~98)에게 돌아가야 한다. 그는 1862년 9월 30일 프로이센 의회 예산위원회에서 유명한 연설을 했다. '당면한 대 문제는 철(鐵)과 혈(血)에 의해 해결될 일이지, 연설이나 다수결에 의해 해결될 일이 아니다.'

이리하여 그의 '철혈 정책'(Blut und Eisen Politik)은 시작되었고, 이로써 독일은 통일되었다. 철은 무기, 혈은 국민의 피를 의미했다. 연설과 다수결로 통일이 이루어지겠는가. 된다고 우기는 사람들은 환상주의자들이거나, 자기가 믿지도 않는 사실을 떠들어대는 사기꾼이다. 우리에게도 비스마르크 같은 결단력 있는 대통령이 나와야 한다.

지금 우리의 젊은이들은 오랫동안 계속된 평화와 자유와 번영에 중독되어 역사를 모르고, 노인들은 이미 노쇠하여 용기가 없다. 이런 차에 부산에서 어떤 70대 노인이 나서서 데모 행진의 길을 막았다는 소식이 전해 왔다. 이것은 일진청풍이다. 이런 사례를 보더라도 우리는 그리 쉽게 망할 나라가 아니라는 것을 실감했다. 내가 메아리 없는 말과 글을 쓰는 이유는, 침묵하는 대중 가운데서도, 이런 숨은 애국자들이 있기 때문이다.

'이놈들아, 정신 차려!'

   나는 되도록 점심과 끽다(喫茶)는 명동이나 무교동 오피스 빌딩 가에서 하기를 원한다. 이 근처에서는 어디를 가나 음식이 맛있고, 그 가격이 합리적이라는 장점이 있기는 하지만, 내가 특히 이 지역 출입을 원하는 이유는 따로 있다. 그것은 티 없이 밝은 젊은이들의 표정을 볼 수 있기 때문이다. 세상에서는 물가가 어떻고, 양극화가 어떻고, 일자리가 어떻고, 해 가면서 우리 사회가 마치 온통 불행의 밑바닥에 내려앉은 듯이 떠들어대지만, 이곳의 젊은이들은 마냥 행복한 표정들이다.

   나는 언론 현역으로 활동하고 있었을 때, 정치인들의 연설을 많이 취재했었다. 어떤 분은 그 내용을 받아 적어 보면 바로, 한편의 이로(理路) 정연한 논문이 되는 분도 있었고, 어떤 분은 들을 때는 무척 재미있어도 글로 옮겨놓고 보면 전혀, 말이 안 되는 분도, 명연사로 추앙을 받았었다. 그러나, 그 분들의 공통된 의견은 이런 것이었다. '청중들로부터 박수를 받기는 쉽다. 그러나 웃음을 받아내기는 어렵다'라는 것이었다. 박수는 군데군데 박수부대를 배치해 놓고 있으면 쉽게 얻을 수 있지만, 마음속에서 우러나는 웃음을 일제히 자아내기가 어렵다는 것이었다.

   그러므로, 진심으로 행복하지 않고는 이런 표정은 나올 수 없다,

라고 나는 생각한다. 그렇다면, 일부 정치인들이 지금 떠들어대는 말들은 전혀 현실과 동떨어진 허황된 것이 아니냐, 라고 나는 생각한다. 한편으로, 나는 이런 생각도 해 본다. 지금 만일 일부 정치인들의 선동이 성공하여 김정은 일당이 대한민국을 차지한다 해도, 그들이, 과연, 이런 우리 젊은이들을 누르고, 정권유지에 성공할 수가 있겠느냐, 라는 생각이다. 아마 그것은 불가능한 일일 것이다. 그렇다고 해도, 이 대명천지에, 인민들을 몽땅 반당 종파분자로 몰아, 수십만, 수백만 명을 공개 처형할 수도 없다. 결국, 정권이 손을 드는 수밖에 없다, 라고.

며칠 전 어떤 신문의 저명 언론인은 '참을 수 없는 신문 읽기의 두려움'이라는 글을 썼다. '신문기자가 이런 말 하면 좀 이상하지만, 요즘은 정말로 신문 보기가 두렵다'라고 시작된 이 글은, 우리의 현실, 특히 정치권에서 벌어지고 있는 현상이 크게 실망스럽다는 것이었다. 그러나 정부와 정치권이 나서지 않고는 그 어느 것도 해결할 수 없는 현실을 안타까워하고 있었다. 그렇다면, 방법은 전혀 없느냐. 나는 그렇게는 생각하지 않는다. 여러 사람 말고 단 한 사람만 나서면 된다. 그것은 대통령이다. 그것도 보통 대통령이 아니라 '철혈(鐵血) 대통령'이다.

역사를 보면, '철혈 재상'이라는 말이 나온다. 이 말은 독일이 지금의 모습으로 통일국가를 이루고, 세계질서가 크게 요동을 치고 있던, 19세기 중엽, 프로이센의 국무총리였던 비스마르크 (Bismarck)의 말에서 유래된다. '오늘날 우리가 당면하고 있는 중대 문제들은 의회에서의 연설이나 다수결로는 해결할 수 없다. 오로지 철(鐵)과 혈(血)만이 해결할 수 있다', 라는 철혈정책의 선포였다. 나도 누구 못지않은 자유민주주의의 신봉자이고 의회민주주의 지지자이지만, 그러면서도 오늘날의 우리 상황은 아무리 생각해도 연설이나 다수결만으로는 해결될 수 없다고 생각한다.

연설이나 다수결이 유효하려면, 정치권이 같은 이념, 같은 가치관을 기반으로 서 있어야 하겠는데, 지금의 상황은 전혀 그렇지가 못하다. 모두 따로따로 놀고 있다. 지향점이 다르고, 가치관이 다른데 연설이 무슨 효과가 있으며, 다수결이 무슨 효력을 가지겠는가. 어떤 결과가 나와도 상대방은 이에 승복하지 않을 것이다. 이것은 북이 어떤 조건을 내세워서라도 그들의 핵을 포기하지 않겠다는 생각과 같다. 그러므로, 연설이나 다수결을 시도한다는 것은 우리의 귀중한 시간마저 낭비하는 결과가 될 뿐이다. 이것을 뻔히 알면서도 이 짓을 계속할 것이냐, 아니면, 당장 이런 헛짓을 집어 치우고, 일사천리로 우리의 갈 길을 가야 할 것이냐, 이것이 문제이다.

'철혈 대통령'이 나오더라도, 무슨 초헌법적인 독재정치를 하라는 것은 아니다. 새로운 입법을 할 필요도 없다. 도구는 이미 다 마련되어 있다. 용기가 없어 이것들을 제대로 못 쓰고 있을 뿐이다. 오로지 지극한 애국심과 강철 같은 의지만 있으면 된다. 지금 같은 유약한 대통령이 아니라, 대통령이면 당연히 갖추어야 할 자질을 갖춘, '보통의 대통령', 이면 족하다. 그런데도 불구하고 그런 보통의 대통령도 안 나오고 있는데 우리의 문제점은 있는 것이다.

우리가 당면하고 있는 최대의 적은 누구인가. 구태여 물을 것도 없이, 그것은 북의 김정은 집단이다. 그런데도 불구하고 우리는 이 엄연한 사실을 애써 외면하려 하고 있다. 같은 민족인데 설마 하는 믿음은 환상이다. 외면한다고 해서 북의 위협이 줄어지는가. 줄여지기는커녕 점점 더 악화된다. 이러다가는 호미로 막을 것을 가래로도 못 막는 사태로 악화된다. 당장의 작은 위험을 회피하려 하다가, 크게 피를 흘려야 할 사태로 발전한다. 따라서 지금 당장 철혈 대통령이 나와야 한다. 이것만이 우리가 살 길이다.

북에 국회가 있는가. 다수결이 있는가. 자유언론이 있는가. 그들에게는 전혀 작동하지 않는 제도를 우리가 만들어 놓고, 우리 스스로가 여기에 우리의 팔다리를 묶어 놓고 있는, 이 상황은, 우리의 대응태세에 장애요인이 될 뿐이다. 그렇다고 해서, 세계 어디를 둘러봐도 우리를 결정적으로 도와줄 나라는 없다. 우리 스스로가 우리의 갈 길을 개척해야 한다. 우리의 우방들도 우리가 단호히 나서면, 우리를 도울 것이고, 우리가 물러서면 우리와 함께 물러서고 말 것이다. 그들이 우리를 도와주고 말고는 전적으로 우리가 하기 나름이다. 따라서 우리는 우리 일을 남의 일 보듯이 해서는 안 된다.

지금 우리는 대통령 자리를 노리면서 도토리 키 재기를 하고 있는 많은 사람들을 알고 있다. 현 대통령의 임기 5년 내내, 다음 대통령되는 데 유리한 입장에 서려고, 현실정치에는 팔짱을 끼고 있는 사람이 많다. 그러면서도 이른바 '대세론'을 철석같이 믿고 있는 사람들이 많다. 이런 사람들은 대통령 나서기에 유리하다 싶으면 약간 나섰다가 불리하다싶으면 얼른 뒤안길로 숨어버린다. 이것이 애국이냐. 그들이 만일 책임 있는 현실 정치인이라면 날마다 현실 정치에 관여해야 한다. 그 공로가 쌓이고 쌓여 대통령이 되어야 한다. 대통령 자리가 어느 특정인의 지정석인가. 이런 약아 빠진 사람 말고도 우리나라에는 많은 인재들이 있다. 애국자들이 있다. 나는 이런 사람들 가운데서 새 대통령이 나와야 한다고 보고 있다.

나라 안팎으로 한번 눈길을 보내보자. 멀리 EU를 보자. EU는 머지 않은 장래에 해체될 위기를 맞이하고 있다. 나라는 다른데 단일 통화를 쓴다는 일은 보통 일이 아니다. 한 나라가 거덜나면 그 영향은 즉각 다른 나라로 파급되게 되어 있다. 같은 유럽 국가이면서도 자국의 통화를 그대로 쓰고 있는 스위스와 영국 등은 건재한데, 저 변두리, 그리스와 포르투갈 등이 휘청거리는 이유는 무엇이냐. EU의 중심국가인 독일은 언제까지 이들의 뒤치다꺼리를 계속할 것이냐. 중국이 항공모함을 갖추고 대국행세를 하려 하고 있지만 그런 허세는 언제까지 갈 것이냐. 항공모함을 가진다는 것은 여간 돈이 많이 드는 것이 아니다. 그 많은 국민을 먹여 살리기도 어려운 중국이 공연히 미국을 자극하고 이웃 나라를 위협하다가는 언젠가는 큰코다칠 위험이 없지 않다. 소련이 망한 것은 항공모함이 없어서가 아니었다.

일본은 어떠한가. 동북지방을 강타한 지진과 해일과 원전사고의 여파는 예상 외로 오래 갈 것 같다. 가장 큰 장애요인은 전력난이다. 일본에는 바닷가에 54개의 원자력 발전소가 있지만 그것들은 이미 거의 휴업 중이다. 이런 전력난 사태를 극복하기 위해, 벌써 상당수의 일본 기업들이 그들의 생산설비를 우리나라 등으로 옮길 준비를 하고 있다. 우리나라는 이들을 받아들이기에 합당한 많은 좋은 여건을 갖추고 있다. 그들에게는 위기이지만 우리에게는 호기가 되고 있다. 다만, 이 호기가 호기로 실현되려면 무엇보다도 먼저 우리의 정치권이 크게 변하여야 한다. 지금처럼 근시안적이고 망국적인 언설을 농하는 자들로 정치권이 혼미를 계속하다가는 모처럼의 호기도 놓치고 말 위험성이 있다.

이쯤해서 나는 크게 외치고 싶다. '이놈들아, 정신 차려!' 라고. 좌파정치인들이여, 우리나라는 그대들의 심심풀이 놀이마당이 아니다. '이놈들아, 정신 차려!'는 평안북도 정주에 오산학교를 만들었던 남강 이승훈 선생의 말이었다. 보부상 출신인 남강 선생은 우리나라가 훌륭한 독립국가가 되려면 무엇보다도 인재양성이 시급하다고 보고, 사재를 털어 이 학교를 만들었다. 그러고는 날마다 조례에서 열변을 토했다. 이것이 알려지자, 일제 경찰은 이 선생의 훈사에 비상한 관심을 기울였다. 일제의 감시가 심해지자 이 선생은 하고 싶은 말씀을 다 할 수가 없게 되었다. 그래서 말씀을 압축해서 할 수밖에 없게 되었다. 이리하여 창안된 말씀이 '이놈들아, 정신 차려!' 였다. 여러 말씀이 필요 없다. '이놈들아, 정신 차려!' 이 한마디면 하실 말씀을 다 하신 셈이었다.

나는 이 말을 북의 김정일 집단에 대해서도 그대로 하고 싶다. 그대들은 지금 역사를 거꾸로 돌리려 하고 있다. '3대 세습'이 이루어지면 만사형통이냐. 그리고 그 반시대적 기도가 성공할 것 같으냐. 원자폭탄 한 발만 가지고 있으면 세상에서 안 될 일이 없을 것 같으냐. 그대들은 지금 전 세계의 부담이 되고 있다. 이것이 안 보이느냐. '이놈들아, 정치 차려!' 이것은 다른 누구에게 보다도 그대들에게 딱 맞는 경구이다.

그러나 한발 물러서서 오늘의 국내외 정세를 냉정히 살펴보면, '철혈 대통령'은 나오기가 쉽지 않다. 오히려 '보통 대통령'도 나오기가 어렵다. 몇 년전 'Yes, We Can!'을 외치며 정권을 획득했던 미국의 오바마 대통령도 지금 대단히 휘청거리고 있다. 일본은 벌써 5~6년째 매년 수상이 바뀌고 있다. 중국의 차기 국가주석이라는 시진핑(習近平)은 집권을 앞두고 혹시 실수를 할까봐 두려워 입을 굳게 다물고 있다 한다. 다들 몸조심에 혈안이 되고 있다.

세계가 이런 상황인데, 이들 나라보다 내부 정세가 더 혼란스러운 우리나라에서 과연 철혈대통령이 나오겠는가, 하는 생각이 없지 않다. 그러나 나는 기적을 믿는다. 역사는 밤에 이루어진다. 지금 안 보인다고 해서 아무 것도 없는 것이냐. 지금 있다고 해서 그것은 영원히 있는 것이냐. 세상은 돌고 도는 것이다. 우리는 지금 국운의 상승기에 있다. 이럴 때에는 반드시 기적이 일어난다.

이놈들아 정신차려는 북한이나 우리 정치권만 해당되는 경구가 아니다. 아버지가 남겨준 상속재산을 둘러싸고 재벌 형제들이 소송을 벌이고 있다. 한 전직 대통령은 돈문제로 사돈과 재판 중이다. 이 무슨 하찮은 짓거리들이냐? 노블레스 오블리주는 어디로 갔느냐? '이놈들아 정신차려'는 지금 우리 사회의 모든 계층 누구에게나 해당되는 지상의 경구이다.

백 년 전과 지금, 달라진 것 달라지지 않은 것

나는 벌써 며칠째 되풀이해서 한 소설을 읽고 있다. 국내 뉴스는 아무리 살펴봐도 절망적인 것들 뿐이다. 노구를 무릅쓰고 몽둥이나 들고 나섰으면 하지만, 나에게는 그 몽둥이도 없다. 이럴 때는 차라리 역사소설이나 읽고 있는 것이 제 격이다.

책 이름은 '강은 흐르지 않았다'이고, 작가는 일본에서 활약하고 있던 저명한 대만인 소설가 '진순신'(陳舜臣), 부제는 '소설 일청전쟁'이다. 이 소설은 1894년, 청나라와 일본이 한반도의 주도권을 다투며, 한반도를 주 무대로 전개했던 이른바 '청일전쟁'을 다루고 있지만, 청·일 양국의 국내정세에 그치지 않고, 당시의 상세한 한반도 정세와, 마침, 아시아 진출을 적극 시도하고 있던 영국과 프랑스와 미국과 제정 러시아 및 이미 국내적으로 통일을 이룩했던 독일, 그리고 이들의 침공을 겪었던 월남 등의 아시아 정세를 자세히 서술하고 있다. 따라서 이것은 보통의 소설이 아니라 한편의 거대한 다큐멘터리이다.

작가 진순신은 무슨 이유에서인지 모르지만, 인진왜란 때 혁혁한 무공을 세운 우리의 명장 이순신(李舜臣)의 이름을 그대로 쓰고 있다. 나는 이점을 크게 주목하고 있지만, 아직 공부가 부족하여 그 연유까지는 잘 모르고 있다. 어쨌거나 이 소설은 대단한 명작이다.

청나라를 편들지도 않았고, 일본을 부추기지도 않았으며, 조선을 비하하지도 않았다. 담담한 필체로, 있는 그대로의 사실을 엮어 내렸다. 따라서 이 소설(상, 중, 하 3권)을 정독하면 100년 전의 아시아, 100년 전의 세계를 있는 그대로 섭렵할 수 있다. 내가 되풀이해서 이 소설을 읽고 있는 이유는 바로 여기에 있다.

우리나라에서는 청일전쟁이 일어나기 전에, 이미 여러 번에 걸쳐, 국가의 존망이 걸린 큰 변란이 일어났다. 먼저 '임오군란'(1882)이 일어났다. 이것은 군대의 반란이다. 이것을 빌미로 대원군이 일본에 붙어 군란을 부추겼다 해서, 청나라로 잡혀가, 보정부(保定府)라는 곳에서 사실상 징역살이를 하게 된다. 대원군이 잘못을 저질렀다면 마땅히 국내에서 처벌을 받으면 될 일인데도, 그는 당시 종주국이었던 청나라로 잡혀갔다. 이미 이 땅에는 우리를 통치하는 국가는 없는 상태였다.

이어 '갑신정변'(1884)이 일어났다. 갑신정변은 김옥균, 박영효 등 이른바 '개화파'가 일본의 지원을 믿고 일으킨 국내정치 개혁 시도였으나, 거사한 지 불과 사흘 만에 사대당, 당시의 실권파에 의하여 진압되고 만 사건이었다. 김옥균 등은 간신히 제물포로 도망가 일본 군함에 편승하여 일본 망명의 길에 오른다. 그 뒤 일본에서 갖은 천대를 다 받고 지내다가, 이홍장(李鴻章)의 아들 이경방(李經方)을 만나보겠다고 상하이로 건너갔으나, 바로 그날, 상하이에서 자객 홍종우의 권총에 의하여 피살되고 만다.

그 뒤에 일어난 것이 '동학란'(1894)이다. 이것이 일어나자, 당시의 조정은 이를 감당할 길이 없어, 청나라와 일본에 파병을 요청하게 된다. 이것이 '청일전쟁'의 발단이었다. 나는 이 자리에서 청일전쟁의 경과를 자세히 소개할 생각이 전혀 없다. 이미 이 소설의 번역본이 국내에도 나와 있기 때문에 관심이 있는 독자는 그것을 참조하면 될 것이다. 다만, 나는 이 자리에서 꼭 하고 싶은 말이 있다. 그것은 이렇다. 전쟁은 싸우겠다는 의지가 확고한 군대는 이기고, 도망갈 궁리만 하는 군대는 반드시 패한다는 사실이다. 이것은 만고의 진리이다.

청·일 양국의 해군끼리의 전투가 막 시작되려던 그 해 7월 25일 오전 7사, 아산만 어귀에서 대기 중이던 일본의 낭속호(浪速號) 함장은 전방에 청국에 차타된 영국선 고승호(高陞號)와 호위함 조강호(操江號)를 발견했다. 영국 상선 고승호에는 청병 9백 50명이 타고 있었다. 영국 함선에는 영국 국기가 게양돼 있었다. 낭속호의 함장은 나중에 러·일 전쟁 때 러시아의 막강한 발틱 함대를 대마도 근해에서 전멸시킨 '도고 헤이하치로'(東鄕 平八郎)이며, 이 당시의 계급은 대좌(대령)였다. 도고 함장은 일단 두 영국 함선에 항복을 권고했다가 약 4시간 뒤에 포격을 개시했다. 포탄은 명중하여 고승호는 곧 침몰했다. 도고 함장은 구명정을 내려, 백인 고급 선원만 구조하라고 지시했다. 고승호를 호위했던 영국의 목조 호위함 조강호는 백기를 내걸어 항복했다. 1천 명 가까웠던 청국 군 가운데 구출된 것은 불과 2백 명 안팎이었다. 그것도 전투가 있은 다음날 이 근해를 프랑스 군함이 지나갔기 때문에 가능했던 일이었다. 일본군 측에게는 한 사람의 사상자도 없었다. 군대의 인원이 아무리 많아도, 장비가 아무리 그럴싸해도, 싸울 의지가 없으면 시체나 마찬가지이다.

'백인 선원만 건져 올리라'고 지시한 것은 나중에 영국과의 사이에 국제분쟁이 일어날 경우에 대비하여, 그들이 사실상 무장한 청나라 군대에 의하여 납치된 상태였다는 증언을 확보하기 위한 조치였다. 모든 결정은 사령관 한 사람의 결정으로 이루어졌다. 당시만 하더라도 지금처럼 본국과 사령부간의 통신이 쉽지 않은 시대였다.

청나라 해군, 즉, 북양함대는 북양대신 이홍장의 사물(私物)이나 다름없었다. 이것을 보유하게 된 것도 이홍장의 노력이었으며, 지휘도 이홍장의 휘하가 직접 했다. 이홍장은 마지못해 청·일전쟁에 파병은 하였지만 일본군과 정면으로 맞붙어 싸울 생각은 없었다. 병력에 손상을 입는다면 그것은 국내적으로 자기의 영향력 저하를 의미하기 때문이었다. 또한 당시의 사실상 황제였던 서태후(西太后)도 전쟁을 원하지 않았다. 그해 환갑을 앞두고 있던 이 여성은 북경 변두리에 개인 별장인 '이화원'(頤和園) 조성공사에만 정신이 팔려, 북양함대의 현대화 추진 예산을 돌려쓰고 있었다. 서태후를 둘러싸고 있는 중신들 그 누구도 이 이상의 이홍장 부대 강화를 원치 않고 있었다.

그러므로, 청일전쟁의 승패는 초전에서의 이 포격 한방으로 사실상 결판이 났다. 청군이 한반도에서 연달아 밀려 나고, 드디어는, 산해관(山海關)을 넘어, 황제가 있는 북경까지 위협하는 형국이 되자, 청나라는 할 수 없이 항복을 결심하게 된다. 그 결과, 청나라는 조선에서의 기득권 포기는 물론, 요동반도와 대만이라는 그들의 고유 영토를 일본에게 할양해 주기로 하는 내용의 이른바 '시모노세키(下關) 조약'을 체결하고 물러난다. 그것은 전쟁발발 이듬해인 1895년 4월 17일의 일이었다.

우리 조정이 '대한제국'을 자칭하고, 왕이 '황제'가 되고, 왕후가 '황후'가 된 것은, 우리가 무슨 실력이 있어서 그렇게 된 것이 아니라, 모두 이 '시모노세키 조약' 덕분이었다. 일본은 우리나라가 완전 독립국가가 되기를 원해서가 아니라, 앞으로 그들이 마음대로 조선을 좌지우지할 수 있도록, 청나라와의 종속관계를 차단하기 위해서였다.

이런 크나큰 소용돌이 속에서도, 우리 조정 안팎에서는 세상 돌아가는 판세를 전혀 알지 못하고, 며느리와 시아버지가 정권을 놓고 혈투를 벌이고, 친일파와 친로파(親露派)가 암투를 벌이며, 매관매직이 극성을 부린다. 완전한 파탄국가였다. 그러다가, 드디어, 러·일 전쟁이 일어나고, 러시아가 이 전쟁에서 패하자, 5백 19년을 이어오던 이씨조선은 힘없이 막을 내리고 만다. 이것이 모두 1백 여 년 전의 일이었다. 이것으로 진순신의 장편 역사소설은 끝이 난다.

그러면 그 뒤의 한반도는 어떻게 되었던가. 우리에게 청 일 전쟁의 역사적 교훈은 살아있는가. 이 1백 여 년의 역사를 요령이 있게 간추리는 작업을 하기에 내 능력은 태부족이다. 그렇다고 해서 지금부터 내가 노력해서 역사소설가로 거듭 태어날 수도 없다. 참으로 답답한 일이다.

일본은 청 일 전쟁의 여세를 몰아, 지금, 중국이 '동북 3성'이라고 부르는 '만주'(滿洲)에 그들의 괴뢰정권을 수립하고, 이것도 모자라, 중국 전국토를 무대로 전쟁을 확대하다가, 세계 제2차 대전을 유발하였으며, 함께 싸우던 히틀러의 독일과 뭇소리니의 이태리가 모두 연합국 측에 항복했는데도 전쟁을 계속하다가, 1945년 8월

히로시마(廣島)와 나가사키(長崎) 두 곳에 원자폭탄이 투하되자 할 수 없이 항복하고 만다. 일본은 한반도는 물론 중국과 대만을 포기하고 물러난다.

이리하여, 우리는 이른바 광복을 맞는다. 그러나 일본군의 무장 해제를 분담한다는 이유로, 북위 38도선 이북에는 소련군이 들어오고, 이남에는 미군이 들어온다. 남북분단의 시작이었다. 북에는 소련군의 전적인 지원 하에 김일성 정권이 수립되고, 남쪽에는 우여곡절 끝에 이승만 정권이 수립된다. 이러한 사태는 우리민족에게는 새로운 시련이었다. 먼저, 북쪽만 본다면, 그것은 세계에서 유례를 볼 수 없는 김일성 정권이 이른바 3대 세습정치의 시작이었다.

세월이 하도 오래 흘러, 이제는, 북이 일으켰던 비참한 6·25전쟁도, 헐벗고 굶주렸던 가난도, 나무 한 포기 없던 산천도, 모두 망각의 저쪽으로 멀어져 갔다. 북은 지금도 굶주려 있지만, 남쪽의 우리는 세계에서 몇째 안 가는 부국으로 탈바꿈했다. 아파트 주차장은 국산, 외산 자가용차로 가득 차 있다. 국민이 듣기에 달콤한 소리만 외치고 나서기만 하면 누구나 쉽게, 하루아침에, 유력 대통령 후보감으로 각광을 받을 수 있는 세상이 되었다.

정치인들은 여야 없이 경쟁적으로 정부예산으로 '그저 주겠다'고 나선다. 그러나 세금을 더 받겠다는 말은 아무도 하지 않는다. 정부예산에서 낭비적인 부분을 과감히 깎아내면 얼마든지 재원조달은 가능하다는 것이다. 그 말은 과연 진실한 말일까. 뒷일이야 어떻게 되든 일단 당선만 되고 보자는 사기꾼 적 심산이라 아니 할 수 없다.

벌써, 오래전에, 어떤 재벌총수는 '기업은 일류이나 정치는 3류'라고 지적했지만, 이제는 아무도 이를 부인할 수 없는 지경이 되었다. 이번에 서울시장 보궐선거를 앞두고 정가에는 어떤 대학의 현역 컴퓨터 바이러스 전문 교수가 회오리바람을 일으키고 사라졌다. 이 사태를 보고, 이명박 대통령은 '정계에, 드디어, 올 것이 왔다는 느낌을 받았다'는 감상을 피력했다. '사회는 디지털 시대인데, 정치는 여전히 아날로그 시대'라는 감상도 덧붙였다. 나도 이 말에 동감이지만, 이런 말은 다른 사람이 해야지, 현직 대통령이 할 말은 아니라고 생각한다. 대통령은 정치인이 아니냐? 정치인 중에서도 가장 책임 있는 정치인인 대통령이 이런 말을 서슴치 않고 해대는 것은 어울리지 않는다. 사실, 정치가 이 꼴이 된 책임은 전적으로 대통령이 져야 한다.

옛날에 비해서는 다들 큰 부자가 되었는데도 국민들 속의 불만은 왜 이렇게 많으냐. 누가 누구더러 더 잘 살게 하라는 얘기냐. 남보다 잘 살게 되려면, 국민 각자가, 먹을 것 안 입고, 잘 것 안 자고, 낮 밤으로 생각하고 일해야 한다. 라인 강의 기적, 한강의 기적이 그저 일어난 것이 아니다. 국민은 다 놀고, 대통령 한 사람에게 책임을 떠넘기고 있으면 다 잘 살 수 있다는 얘기냐. 대통령은 무엇이든지 다 잘 할 수 있는 '도깨비 방망이냐? 다른 나라에도 다 대통령이 있지만, 어느 나라 대통령이 그런 능력을 가지고 있다는 얘기냐.

뿐만 아니라, 지금은, 아무리 훌륭한 대통령이라도 정책 결정에 다 한계를 안고 있다. 지금은 각국의 이해가 얽히고설켜 있는 국제화 시대가 아니냐. 이런 것도 모르면서 함부로 국정을 논한다면 그 사람은 소아병 환자이다.

　게다가, 우리나라에는 왜 이다지도 똑똑한 사람, 용감한 사람이 많으냐. 여러 가지 일 중에서도 정치처럼 어려운 것은 없다고 할 것인데, 어찌 된 셈인지, 우리나라 사람치고 정치를 모르는 사람은 없다. 왜 그럴까. 나는 이런 사람은 겉똑똑이라고 생각한다. 진정으로 아는 사람은 아는 척을 하지 않는 법이다. 좀 먹고 살게 되니까, 사람들은 도무지 겸손할 줄을 모른다. 감투를 준다 하면 누구도 사양하는 사람이 없다. 어떤 사람은 장관 감투가 돌아오자 '성은이 망극하고, 가문의 영광'이라고 말했다가 금방 쫓겨나고 말았다. 지금이 어떤 때인 데, 이 따위 언동이 통하는 왕조시대로 알고 있느냐.

　법정에서는 최후진술 시간에 김정일 만세를 부른자가 있었다고 화제가 되었다. 도처에 간첩이 우글우글하다는 보도도 있다. 보통 말을 해서는 남들이 자기를 알아주지 않으니 이렇게라도 해서 사람들의 이목을 끌어 보겠다는 심산인지 모른다. 나는 이런 사람에게 물어보고 싶다. '만세'란 천년만년 오래 살라는 뜻인데 그대가 만세를 부른 그 사람은 과연 언제까지 살 것 같으냐고.

　한마디로, 우리의 상하가 근시안적이고 철없기는 100년 전이나 지금이나 마찬가지다. 그러나 그렇다고 해서 나는 결코 실망하지 않는다. 우리는 그렇게 쉽게 주저앉을 국민이 아니다. 지금은 아직 잘 보이지 않지만, 우리 속에는 반드시 우리를 환골탈태시킬 지도자가 반드시 나온다고 굳게 믿고 있다.

'문제는 정치야 바보들아!'

'국가는 왜 쇠퇴하는가 : 권력, 번영, 빈곤의 기원'(WHY NATIONS FAIL : Origins of Power, Prosperity, and Poverty. Crown Business, 2012). 이 책의 저자는, 터키 출신 경제학자, 다론 아세모 글루(Daron Acemoglu)씨와 영국출신의 정치경제학자, 제임스 A. 로빈슨(James A. Robinson)씨. 일본판 번역자는 오니자와 시노부 씨, 일본어판 출판사는 早川書房. 권두에는 노벨경제학상 수상자를 비롯하여 당대 베스트셀러 작가들의 찬사가 실려 있다.

상, 하 두 권으로 되어 있는 이 책을 읽고 나서, 나는 그 동안 내가 갖고 있던 정치와 경제에 관한 일련의 생각들에 대한 확신을 얻게 되었다. 저자들은 현재 미국에서 활동 중이라서 그런지 제1장 은 미국과 멕시코의 국경도시인 노가레스로부터 서술을 시작하고 있다.

노가레스 마을의 한복판에는 울타리가 쳐져 있고, 울타리 북쪽은 미국땅인 애리조나주 산타클루스군의 애리조나주 노가레스, 남쪽은 멕시코의 소노라주 노가레스가 자리잡고 있다. 미국 측 노가레스의 가구당 연평균소득은 약 3만 달러, 틴에이저들은 거의 학교에 다니 고 있고, 성인의 절반쯤은 고교를 졸업했다.

한편, 멕시코의 노가레스 주민들은 멕시코 치고는 비교적 유족한 편이지만, 애리조나 노가레스의 주민들에 비한다면, 세대별 평균 소득은 3분의1, 성인들의 대부분은 고교를 졸업하지 못했고, 틴에 이저들은 학교에 가지 못하고 있다. 유아사망률은 높고, 공중위생은 열악하여 북쪽 주민들 보다는 수명이 짧다. 도로는 울퉁불퉁하고, 범죄율은 높다. 사업을 시작하려 해도 번잡한 허가절차를 밟거나, 뇌물을 바쳐야 하기 때문에 쉬운 일이 아니다. 강도를 만날 위험성도 높다.

기본적으로는 같은 도시를 둘로 나눈 두 개의 마을이 이토록 다른 것은 무슨 이유에서인가. 지리와 기후와 유행하는 질병의 종류에 차이는 없다. 그렇다면, 주민의 인종이 다른 때문인가. 북쪽의 주민들이 유럽에서 이민 온 사람들의 후손인데 반하여, 남쪽의 주민들은 아즈텍족의 후손들이기 때문인가.

그렇지 않다. 애리조나주의 노가레스와 소라노주의 노가레스가 각각 다른 나라가 된 것은 그렇게 오래된 일이 아니다. 1853년부터이다. 그러므로 이 지역의 주민들은 국경과 상관없이 같은 조상을 가지고 있었고, 같은 음식을 먹고, 같은 음악을 들었다. 한마디로 같은 문화를 향유하고 있었다. 다만, 두 나라로 나뉜 뒤의 역사가 다를 뿐이다.

저자들은, 여기서, 중남미 여러 나라들의 역사를 자세히 설명하고 있다. 그러나 나는 이 자리에서 그것들은 되풀이해서 설명할 필요는 없다고 생각한다. 왜냐하면, 우리 독자들은 대부분 이것을 잘 알고 있다고 생각되기 때문이다.

다만 이것만은 분명히 하고 싶다. 아무리 땅덩어리가 맞닿아 있다고 하더라도, 그것을 지배하고 있는 국가의 정치가 다르다면, 그 결과는 엄청나게 다르다는 사실이다. 두 개의 노가레스를 가르고 있는 국경이 그 전형적인 예이다.

애리조나주의 노가레스는 미국이다. 주민들은 미국의 경제제도를 이용하고 있다. 그 덕택으로 그들은 자유롭게 직업을 선택할 수 있고, 학교교육을 통하여 직업에 쓰일 수 있는 기술을 배울 수 있다. 기업주들에게 최고의 테크놀로지에 투자하도록 촉구할 수 있으며, 이것은 임금 상승에 연결된다.

또한 그들이 이용하고 있는 정치제도 덕택으로 민주적 프로세스에 참가하고, 국회의원을 선출하고, 의원이 기대를 저버리면 바꿔치기를 할 수 있다. 그 결과 정치가는 시민이 필요로 하는 기본적인 서비스(공중위생으로부터 도로, 법과 질서)를 제공하게 된다. 그러나 소라노주의 노가레스 주민들은 그런 권리를 누리지 못하고 있다.

어떤 나라가 가난하게 되느냐, 유족하게 되느냐를 가르는 중대한 분기점은 경제제도이지만, 어떤 경제제도를 가지느냐를 결정하는 것은 그 나라의 정치와 정치제도이다. 그만큼 정치와 정치제도는 국가의 사활이 걸린 중대문제이다.

저자들은 남한과 북한의 차이에 관해서도 자세히 언급하고 있다.

1945년 여름, 제2차 세계대전이 종말에 가까워질 무렵, 한반도에 있어서의 일본의 식민지는 붕괴하기 시작했다. 8월 15일에 일본이 무조건 항복하고, 한 달도 채 못 되어 한반도는 38선을 경계선으로 갈라져 두 개의 세력권으로 나뉘었다. 남쪽은 미국에 의하여, 북쪽은 소련에 의하여 관리되었다. 냉전 하의 불안정한 평화가 깨진 것은, 1950년 6월, 북한이 남쪽에 쳐들어온 때였다. 초전에, 북한은 남한 깊숙이 침입해서, 수도 서울을 점령했지만, 가을에는 전면 철퇴했다.

황평원씨는, 용케도, 북한군의 징병을 모면하여, 남쪽에서 약제사로 일했다. 형은 서울에서 일하던 의사였지만, 북한군이 철수할 때 납북되고 말았다. 1950년에 이산가족이 된 두 사람은, 2000년, 서울에서 50년 만에 재회했다. 양국정부가 이산가족 상봉에 합의했기 때문이었다.

황평원씨의 형은 최종적으로 북한의 공군에서 군의관으로 근무했다. 군의관은 군사독재 국가에서는 나쁜 직업은 아니었다. 하지만, 북한에서는, 특권계급이라고 해도 생활형편이 좋은 것은 아니었다.

형과 대면했을 때, 황평원씨는 북한의 생활상에 관하여 물었다. 그는 자동차를 가지고 있었으나 형은 가지고 있지 않았다. '전화는 있어?' 하고 물었으나, 형은 '없다' 고 말했다. '외무부에 근무하는 딸이 전화를 가지고 있으나 암호를 모르면 걸 수 없다' 고 말했다. 황평원씨는 가족과 재회한 북쪽 사람들이 모두 돈을 갖고 싶어 한다는 것을 알고 얼마만큼의 돈을 내밀었다.

그러나 형은 이렇게 말했다. '돈을 가지고 돌아간다면, 정부는 그것을 달라고 말할 것이다. 그러므로, 그것은 네가 가지고 있는 것이 좋겠다,' 라고 했다. 황평원씨는 형의 외투가 닳아빠졌다는 것을 알고, '이것을 여기 벗어놓고, 갈 때는 이것을 입고 가라'고 권했다. '그것은 안 된다' 고 형이 답변했다. '이것은 여기 오기 위해 정부에서 빌린 것'이라고 말했다.

헤어질 때, 누군가가 형제의 대화를 엿들었을까봐 형이 무척 불안해 한다는 것을 알았다. 형은 황평원씨가 상상했던 것 이상으로 가난했다. 본인은 유복하게 살고 있다고 말했으나, 황평원씨는 형의 입새가 험했고, 몸이 깡말라 있다고 생각했다.

한국 사람들의 생활수준은 포르투갈이나 스페인과 비슷하다. 북쪽의 이른바 조선민주주의 인민공화국, 즉, 북한의 생활수준은 사하라 이남의 아프리카에 가깝고, 한국의 평균적 수준의 10분의 1이다. 북한 사람들의 건강상태는 더욱 나쁘다. 남쪽 사람들보다는 수명이 10년은 짧다고 추측되고 있다. 남북의 경제 격차는 위성사진으로도 극명하게 드러난다. 북한은 전력부족으로, 밤이 깜깜하지만, 한국은 환하게 빛나고 있다.

이런 뚜렷한 차이는 옛날부터 있던 것이 아니었다. 사실은, 제2차 세계대전 종결 이전에는 존재하지 않았다. 하지만, 1945년 이후, 남과 북의 정부는 각각 전혀 다른 정책을 수행했다.

한국을 이끌었던 이승만은 하버드 대학과 프린스턴 대학에서 수학했던 골수 반 공산주의자였다. 그는 1948년 대통령으로 선출됐다. 한국전쟁의 전야, 38선 이남에 공산주의 확대라는 위협에 대비하여 건국된 한국은 민주주의의 나라는 아니었다. 이승만처럼, 독재적 대통령으로 낙인 찍혀 있는 박정희 장군도 민주주의와는 거리가 있는 사람이었다. 그러나, 두 사람은 다 시장경제를 추진하고, 사유재산을 인정했다. 1961년 이후, 박정희는 국가의 역량을 산업 육성에 집중적으로 투입하고, 성공하고 있는 기업에 대해서는, 신용대출을 하고, 재정지원을 부여했다. 이로 말미암아 한국은 급속한 경제성장을 이루었다.

38선 북쪽의 상황은 이와는 달랐다. 제2차 세계대전 중 항일 빨치산의 리더였던 김일성은 1947년까지, 독재자로서의 위치를 굳히자, 소련의 지원을 받아, 이른바 주체체제의 일환으로 엄격한 중앙계획경제를 도입했다. 사유재산은 인정하지 않고, 시장은 폐지되었다. 시장뿐 아니라 사람들의 모든 영역의 생활에서 자유를 박탈했다. 유일한 예외는, 나중에 그의 후계자가 된 김정일과 그의 측근인 극소수의 지배층뿐이었다.

학교교육은, 거의가 정치선전의 장으로 이용되어, 정권의 정통성을 강화하는 목적으로 운영되었다. 책도 거의 없고, 컴퓨터도 없다. 학교를 졸업해도 전원이 10년간 군대에 가야 한다. 군 복무를 마치고 취업을 한다 해도, 시장이 없기 때문에, 번 돈으로, 갖고 싶은 물건을 살 수도 없다. 그들은 자기의 장래에 대하여 어떤 확신도 못 가지고 있다.

한국과 북한의 경제적 운명이 이렇게 분명히 나뉜 사실은 결코 놀랄 일이 아니다. 김일성의 계획경제와 주체체제는 얼마 못 가 실패로 끝났다. 매사가 비밀주의의 나라인 북한으로부터 상세한 통계를 입수하기는 어렵다. 그럼에도 불구하고 입수 가능한 증거에 의하여, 되풀이 되고 있는 기근으로 말미암은 상황을 입증할 수 있다. 다시 말하면, 공업생산을 궤도에 올려놓지 못했을 뿐 아니라, 농업생산성의 급락을 경험하고 있다.

사유재산을 갖지 못했기 때문에 생산성 향상 또는 유지를 위해 투자나 노력을 하려는 인센티브를 가진 사람은 없다. 숨이 막힐 듯한 억압적 정치제도는 이노베이션을 일으키거나 새로운 기술을 도입하는 데는 적합하지 않았다. 그러나 김일성, 김정일뿐 아니라 그들을 둘러싸고 있는 무리들은 아무도 체제를 개혁하거나, 사유재산·시장·사적 계약을 도입하거나 정치·경제제도를 바꿀 생각은 없었다.

한편 한국에서는 자유로운 경제제도에 의하여 투자와 통상이 촉진되었다. 한국의 정치가들은 교육에 투자해서, 높은 식자율과 통학률을 달성했다. 한국의 기업들은 이렇게 길러진 인재들을 이용했다. 다음에는, 투자를 장려하고, 공업화, 수출, 기술이전을 촉진하는 정책을 썼다. 한국은 눈 깜짝 할 사이에 동 아시아의 '기적의 경제'에 동참하여, 세계에서 가장 빠르게 성장하는 나라가 되었다.

이 밖에도 저자들은 남북한의 차이에 관한 자세한 분석을 하고 있으나, 나는 이 정도로 이 책의 인용을 마무리하고자 한다.

요컨대, 저자들은 중남미와 중국과 일본, 그리고 중동과 유럽과 아프리카의 여러 나라의 어제와 오늘에 관한 상세한 분석을 종횡으로 서술하고 있다. 그리하여, '문제는 정치'라는 것을 되풀이해서 강조하고 있다.

눈을 국내의 정치로 돌려 보자. 최근에, '귀태'(鬼胎)라고 하는, 그전에는 듣도 보도 못한 괴상한 말이 정계를 휩쓸고 지나갔다. 이 말은 야당의 원내대표라는 사람이 기자회견을 통해, 박근혜 대통령이 태어나지 말아야 했을 사람, 이라는 의미로 사용했다는 것이다. 박 대통령 뿐 아니라, 남의 나라 현직 수상인 아베 신조씨 까지 싸잡아 귀태라고 비난했다.

박 대통령의 아버지인 박정희 대통령과 아베수상의 할아버지인 기시 노부스케 전 일본 수상이 모두 만주국에서 일하던 사람이었다는 것이 논거인 모양이다. 이 무슨 망발이냐. 이 사람은 만주국에 대하여 꽤 연구가 많은 모양이지만, 나는 그 부분에 대해서도 이 사람으로부터 자세한 설명을 듣고 싶다. 정치는 정계에 몸담고 있는 사람들을 위하여 존재하는 것이 아니다. 누가 잡아가지 않는다고 해서 함부로 정치를 논해서는 안 된다.

또 말 깨나 한다는 사람들은 요즘 하나 같이 '경제민주화'를 말한다. 그러나 천학비재한 나는 '경제민주화'가 무엇을 뜻하는지를 잘 모른다. 오늘 조간신문을 보니, 이 방면의 '전문가'라는 어떤 사람이, 대 기업그룹의 사장단 회의에 초청돼 나가서, 특별강연을 했다는 기사가 실려 있다. 그러나 이것을 읽어봐도 경제민주화가 무엇인지 알 수가 없다. 그렇다면, 이들의 말을 잘 알아듣고 있는 사람은 어떤 사람이냐. 나는 그것을 알고 싶다.

나도, 지금, EU의 주인 격이 되어 있는 독일에 대하여 일찍부터 주목해 왔다. 독일이 이렇게 까지 성공한 데는 여러 가지 요인들이 있다. 그러나 나는 그 핵심 요인은 '노사 공동 결정제'라고 생각하고 있다. 경영자와 근로자 대표가 한 자리에 앉아서, 회사운영의 기본방침을 협의하여 결정한다는 것이다. 나는 이것이야말로 경제민주화의 핵심이라고 생각한다. 그러나 만약 이것을 우리나라에서 적용하려 한다면, 당장, 수많은 난관에 봉착한다고 생각한다.

우선, 경영자측이 천부당만부당하다고 반대할 것이다. 회사에는 반드시 기업의 비밀이 있는 법인데, 이것을 근로자들 앞에, 있는 그대로 까발려야 한다면, 회사는 도저히 운영할 수 없다, 고 할 것이다. 근로자 측도 동의하지 않을 것이다. 회사 측의 사정을 다 들어준다면, 노조의 독립성은 어디서 찾아야 하느냐, 고 반대할 것이다. 이런 사정을 알기 때문에 '경제민주화의 전도사'를 자처하는 사람들도, 주장의 핵심을 건드리지 못하고, 변죽만 울리기 때문에, 엉뚱한 소리만 되풀이 하고 있는 것이 아니냐, 라고 나는 생각한다.

어찌 됐건, 독일은 이 제도 덕택으로 산업평화를 이룩했고, 산업평화를 토대로 통독을 이뤄내고, 오늘날 EU의 여러 나라들을 가르치는 '교사'가 되어 있다. 아무리 좋은 제도라고 해도 아무 나라에서나 좋은 제도는 아니다. 그러나, 우리도 언젠가는 독일의 성공을 본받아야 한다는 것은 틀림없는 사실이다.

'문제는 정치야, 이 바보들아!' 이것이, 두 저자들의 외침이다. 그러나, 우리는 아직 멀었다. 정치는 여전히 너무나 저질이다. 자유와 평화와 번영은 공짜가 아니다. 'Freedom is not free.' 반드시 그만한 대가를 치러야 얻어진다. 막말과 원론이 아니라, 현실성 있는, 비교우위의 정책을 찾아내고, 절제 있는, 고품격의 언어가 있은 다음에야, 우리의 자유와 번영과 평화는 비로소 정착될 것이다.

북한은 최근 '당의 유일적 영도체계 확립의 10대 원칙'이라는 것을 발표했다. 그 내용은 '백두혈통으로 영원히 계승하자'는 것이라 했다. 이것이 과연 정치냐? 이런 체제를 흠모하는 국내의 좌파는 과연 정치하는 사람들이냐?

박현태(朴鉉兌)

1933년 경남 사천 출생, 서울대 법대 졸, 동 대학원 문학석사, 한양대 대학원 법학박사. 한
국일보·동아일보 사회부기자, 대한일보·한국일보 정치부장, 서울경제신문 편집국장, 관훈
클럽 총무, 한국일보 논설위원을 거쳐 민정당 정책위 수석부의장 겸 정책조정실장, 제11대
국회의원, 문공부 차관, KBS 사장, 한국프레스센터 이사장, 수원대 신문방송학과 교수, 동
법정대학장, 부산 동명대학교 총장 역임. 저서에《하이에나 저널리즘(1996, 동방미디어
刊)》《21세기를 바로 보지 못하면 우리의 미래는 없다(1004, 샘터 刊)》《천박한 국민 천박
한 정치 천박한 언론(2008, 동서문화사 刊)》등이 있다.

젊음을 쭉정이로 만들지 말라!
문제는 정치야 바보들아!
박현태 지음
1판 발행/2013년 10월 31일
발행인 고정일
발행처 동서문화사
창업 1956. 12. 12. 등록 16-3799
서울 강남구 도산대로 163(신사동)
☎ 546-0331~6 (FAX) 545-0331
www.dongsuhbook.com
잘못 만들어진 책은 바꾸어 드립니다.
＊